Gisèle Szczyglak

SUBVERSIVAS

A Arte Sutil de Nunca Fazer o Que Esperam de Nós

A Resposta Definitiva para as Mulheres Construírem seu Lugar de Direito na Humanidade

Tradução
Karina Jannini

Revisão técnica
Rachel Alves

Editora Cultrix
SÃO PAULO

Título do original: *Subversives – L'art subtil de n'être jamais là où l'on vous attend.*
Copyright © 2021 Éditions Payot & Rivages, Paris.
Copyright da edição brasileira © 2022 Editora Pensamento-Cultrix Ltda.
1ª edição 2022.

Todos os direitos reservados. Nenhuma parte desta obra pode ser reproduzida ou usada de qualquer forma ou por qualquer meio, eletrônico ou mecânico, inclusive fotocópias, gravações ou sistema de armazenamento em banco de dados, sem permissão por escrito, exceto nos casos de trechos curtos citados em resenhas críticas ou artigos de revistas.

A Editora Cultrix não se responsabiliza por eventuais mudanças ocorridas nos endereços convencionais ou eletrônicos citados neste livro.

Editor: Adilson Silva Ramachandra
Gerente editorial: Roseli de S. Ferraz
Gerente de produção editorial: Indiara Faria Kayo
Editoração eletrônica: Join Bureau

Dados Internacionais de Catalogação na Publicação (CIP)
(Câmara Brasileira do Livro, SP, Brasil)

Szczyglak, Gisèle
 Subversivas: a arte sutil de nunca fazer o que esperam de nós / Gisèle Szczyglak; tradução Karina Jannini. – São Paulo: Editora Cultrix, 2022.

 Título original: Subversives : l'art subtil de n'être jamais là où l'on vous attend
 ISBN 978-65-5736-137-5

 1. Atividades subversivas 2. Autoconfiança 3. Feminismo 4. Mulheres – Aspectos sociais 5. Mulheres – Direitos I. Jannini, Karina. II. Título.

21-95065   CDD-306.4209

Índices para catálogo sistemático:
1. Mulheres: Subversão: Sociologia 306.4209
Maria Alice Ferreira – Bibliotecária – CRB-8/7964

Direitos de tradução para o Brasil adquiridos com exclusividade
pela EDITORA PENSAMENTO-CULTRIX LTDA., que se reserva a
propriedade literária desta tradução.
Rua Dr. Mário Vicente, 368 – 04270-000 – São Paulo, SP – Fone: (11) 2066-9000
http://www.editoracultrix.com.br
E-mail: atendimento@editoracultrix.com.br
Foi feito o depósito legal.

À minha filha Wladislawa,

Às minhas irmãs Céline e Dominique, À minha mãe,

A todas as mulheres do mundo, em particular às que conheci e que nutriram meu pensamento e meu engajamento humanista.

SUMÁRIO

Agradecimentos 15
Nota da revisora técnica 17

Introdução 21
Sobre a importância de ser... "alguém" no feminino 24

Prefácio à edição brasileira 29

SUBVERSÃO: A RESPOSTA DEFINITIVA AO
SEQUESTRO CIVILIZACIONAL 35

Quando civilização rima com domesticação 37
O trabalho sem valor das mulheres 37
Histéricas a serem controladas 39

A origem da opressão das mulheres: a instabilidade
do conceito de humanidade **43**

    O conceito de humanidade 43

    No princípio, era a hominização 45

    As mulheres excluídas da humanidade 46

    A destituição das mulheres da civilização 47

**Humanização: o devir extrabiológico da
sociedade-cultura** **51**

    O status das mulheres na sociedade-cultura 52

    *A opressão das mulheres: a regra do jogo
do extrabiológico* 55

    *Homem/Mulher: duas representações opostas na
civilização ocidental* 57

    A posição hegemônica dos homens 59

Os desafios do contrato extrabiológico **61**

    Uma socialização instável 61

    O sequestro civilizacional 63

**As dificuldades persistentes das mulheres
para se posicionarem no mundo** **67**

    Mulheres ainda e sempre na periferia 67

    *Sobre a necessidade de fazer tabula rasa do
sequestro civilizacional* 68

    Assumir um lugar no centro, finalmente 69

Do homem ao Homem: a maiúscula de uma farsa 71
   A possibilidade de outro lugar 72
   A mulher como moeda de troca 72
   A loucura da interpretação dos homens 73
   O gênero feminino, polo negativo da humanidade 75
   O Humano se fez homem: o relato de uma farsa 76
   O macho gera o macho: uma partenogênese em
   três movimentos 77

Sobre o uso das esferas não celestes: a invenção
grega de uma democracia androcêntrica 83
   Atenas ou a farsa democrática 83
   As mulheres relegadas à esfera privada 84

A subversão de Eva e suas consequências 87
   Eva, ou a subversão se fez mulher 88
   A temível redução 89

Libertar-se e participar do mundo 93
   O nascimento da sororidade 93
   O feminismo é um humanismo 94

Exit o sequestro civilizacional 97
   Entrar com tudo pela porta da civilização graças à subversão ... 99
   A autoconfiança, pedra angular na subversão 101
   O medo dos homens: a falha 103
   Subversão: o ato definitivo de libertação 104

MEU ESTADO DE ESPIRÍTO PARA ENTRAR NA SUBVERSÃO .. 107

Saber quem sou para saber aonde vou. 109
   Tornar-se sua própria prioridade 109
   Praticar um egoísmo justo 110
   Aceitar-se em sua integralidade 112
   Firmar um contrato consigo mesma 114
   Cultivar o jardim secreto da confiança 115
   Resplandecer a partir de sua essência 117

A reconexão com o próprio corpo 123
   Eu sou meu corpo 123
   Meu corpo me pertence por inteiro 125

**Tomar consciência de minhas síndromes e
complexos de todo tipo** 127
   A síndrome de Atlas ou o peso do mundo sobre as costas ... 127
   A síndrome da boa aluna ou a obrigação de excelência 129
   *A síndrome da moça simpática ou a ditadura
   da empatia* 129
   Sair da gaiola da ética 131
   Escolher a si mesma: aprender a dizer "não" 132
   *A síndrome da impostora ou a impressão de nunca
   estar no lugar certo* 133
   *A síndrome da transparência ou dizer tudo a
   qualquer preço* 134
   Iniciar-se na arte de não dar tudo de si 139
   Trabalhar a delicadeza do concreto em um jardim chinês ... 142

A arte do nomadismo 145
   Obter o polegar do panda 146
   Toda vida contém uma multidão de vidas 147
   Desacelerar para ir mais rápido 150
   Porque nada existe fora do contexto 151

Sobre o eu, os jogos e a audácia 155
   Meu Eu nos jogos 155
   Sobre o jogo e a audácia 157

Viver no clima da subversão 161
   Mudar o clima interno 162
   Observar as pequenas pedras 164

VIAJAR NA SUBVERSÃO 169
   Desmascarar o jogo de máscaras com maestria ou como assumir uma aparência para se passar por 170

Cuidar da própria postura 173
   A postura, dupla interface consigo mesma e com o mundo 174
   Sublimar a arte do blefe 178

A arte da cena subversiva 181
   A arte da distração 181
   Aprender a comunicar sobre nada 183
   No tumulto das aparências 185
   Parecer ou não parecer sobrecarregada 186

Quando Pareto é meu amigo 187
Sobre a arte de ser um kiwi 188

Por uma mobilidade perfeitamente subversiva 191
Ser sua melhor amiga 192
Pausar, fugir ou acelerar 193
Quando os obstáculos são ancoragens 195
Aprender a ficar à toa: a arte de passar de Shiva a Buda 198
Escalar e esquivar-se 200
Subverter-se, surpreender-se 202

Visualizar as fronteiras 207
Exit o absurdo 208
Deixar as posturas insustentáveis 210
Toda subversão é, primeiramente, solidão 211
Subversão e sororidade 212
Crenças limitantes e torre de Pisa 213
Explicar sem se justificar 214
Queimar os ícones 215

Enaltecer a arte de surpreender-se 217
O poder de surpreender-se 218
Tudo é possível 219

A imaginação como arquiteta da subversão 221
O poder da imaginação 222
O acesso ao campo das possibilidades 223

Discernir com estética 225
    Mil-folhas e teto de vidro 226
    Sobre fazer bom uso do autoelogio 227
    De atleta a samurai 228

Criar sua própria lenda 229
    Encontrar uma história sob medida 230
    Compor um fundo musical ao redor de si 231

Possuir suas próprias palavras 235
    Apropriar-se de suas ações pelo poder das palavras 236
    Falar sobre si mesma: a escolha de uma
    estrutura narrativa 237
    Tornar-se você mesma é ser sua própria caneta 239
    Pedir sem recorrer a Fausto 240

Da caça à magia 243
    Caçar com discernimento 243
    Fabricar seu bestiário mágico 246

Conclusão: libertar-se na Terra e nas estrelas 249

Post scriptum filosófico sobre o mundo atual 253

Bibliografia 257

Agradecimentos

Sou imensamente grata por esta edição brasileira que me é tão querida. Muito obrigada à Editora Cultrix, que confiou no meu livro e em tudo o que ele representa.

Gratidão infinita a Iara Alves, que concordou em prefaciar a edição brasileira. Com Iara se iniciou e continuará a maravilhosa história que tenho junto às brilhantes mulheres do Brasil.

Meus mais calorosos agradecimentos a Cinara Dias Custodio por seu apoio inabalável na realização deste projeto.

Muito obrigada a Vladia Pompeu e Fernanda Vilares por todo o apoio e suporte.

Minha imensa gratidão a Rachel Alves, que conseguiu transcrever meus pensamentos com tanta perfeição.

Agradeço a todos pela amizade, pelas discussões apaixonadas e pelos momentos compartilhados.

Agradeço também a todas as brasileiras que conheci e que me inspiraram a escrever este livro.

Por fim, mas não menos importante, gostaria de agradecer à minha editora Laure-Hélène Accaoui por sua confiança e por ter me acompanhado nos caminhos da subversão.

Também agradeço à minha sócia Denise Christmann por sua presença constante e seu apoio na escrita deste livro.

Nota da Revisora Técnica

Em *Subversivas – A Arte Sutil de Nunca Fazer o Que Esperam de Nós – A Resposta Definitiva para as Mulheres Construírem seu Lugar de Direito na Humanidade*, Gisèle Szczyglak traz, com precisão cirúrgica, um apanhado histórico, sociológico e antropológico, adornado com mitologia, filosofia e feminismo humanista, além de muitas metáforas e representações criativas, que despertam memórias e imagens disruptivas.

Assim, com esmero e cuidado, delineamos, adaptamos e demos à luz a versão em português dessa obra, de valor inestimável e imprescindível, na qual a contextualização foi premissa básica para a escolha dos termos e a formulação das frases e ideias. As metáforas e simbologias trazidas pela autora foram objeto de longas discussões até tomarem a forma proposta.

Contudo, acredito ser importante fazer algumas observações:

A autora cita a obra de Virginia Woolf, *A Room of One's Own*, ou *Une Chambre à Soi*, em francês. Em português, temos três versões: *Um Teto Todo Seu* (Brasil), *Um Quarto só para Si* (Portugal) e a de Julia Romeu, que em sua tradução escolheu usar *Um Quarto só Seu*, expressando o espaço do quarto como nascedouro de uma vida contemplativa, necessária para um intelecto livre.

Na página 241, Gisèle também faz uma alusão à crinolina, acessório que fez parte do guarda-roupa feminino na época vitoriana, em meados do século XIX, e que causou a morte de cerca de três mil mulheres por ser composta de material altamente inflamável. A armação era feita de crina de cavalo e linho, materiais que inspiraram seu nome. Presa com aros de metal, ela formava um arco semelhante à gaiola que se usava por baixo das saias para lhes dar volume.

No capítulo intitulado "Da Caça à Magia", a autora aborda o bestiário mágico, termo que se refere a um gênero literário da Idade Média, composto de temas alegóricos, da descrição física e dos comportamentos de animais, reais ou fantásticos. De acordo com Virginia Naughton, em seu livro *Bestiário Medieval*, é possível reconstruir as relações mantidas com a natureza e situar a posição do ser no esquema geral das coisas criadas. Essa zoologia simbólica, imaginária, profusa e abundante também se encontra na literatura hispano-americana contemporânea, em 1978, com Jorge Luis Borges e Margarita Guerrero (*O Livro dos Seres Imaginários*) e, em 1951, com Julio Cortázar (*Bestiário*). No Brasil, Manoel de

Barros traz um bestiário poético em seu livro *Arranjos para Assobio*, com forte carga simbólica nas imagens do mundo animal. Por isso, uma leitura feita com espírito aberto e consciente do contexto possibilitará o acesso a uma grande riqueza de associações mentais que ressignificam, surpreendem, divertem, provocam e revelam um mundo de possibilidades.

Introdução

Este livro destina-se a ser um guia e a levar um esclarecimento às mulheres que se perguntam por que ainda são confrontadas a situações difíceis e impasses em sua vida profissional e pessoal pelo simples fato de serem mulheres. Por que ainda têm de responder à "pergunta"*, sejam quais forem as metamorfoses caleidoscópicas que iridescem ao longo do tempo e giram em torno delas como animais selvagens.

Em algumas horas do dia e da noite subsiste uma equação sem solução que parece um tormento. Por que nossa

---

* Referência aos horrores perpetrados majoritariamente contra as mulheres acusadas de bruxaria. Para determinar sua natureza de bruxas, eram submetidas à "pergunta". O mesmo procedimento era aplicado às pessoas suspeitas de heresia. Teriam confessado serem bruxas por natureza? De mãos atadas, eram lançadas na água. Se flutuassem, eram culpadas; se afundassem, eram inocentes. Essa faceta da história, curiosamente ausente de nossos livros, é muito bem descrita no ensaio de Mona Chollet, *Sorcières: La puissance invaincue des femmes*, Paris, Zones, 2018.

sociedade não conseguiu validar nas práticas e nos costumes, de uma vez por todas, a equidade e a igualdade perfeitas entre as mulheres e os homens, apesar de todo o arsenal legal? Como as mulheres podem ir além da eterna barreira da justificativa, que perpassa sua humanidade, indo até suas competências, tal como um Sísifo* sem descanso? Elevar-se à altura fascinante do gênero social masculino, com seu cortejo de vantagens sem fim, sempre denota uma proeza, pois as mulheres são mantidas em uma definição inferior de seu gênero, tanto do ponto de vista social quanto do cultural.

Essa situação ainda é possível em razão da opressão histórica exercida pelos homens em relação às mulheres, que culminou em um verdadeiro sequestro civilizacional. Os homens roubaram a civilização ao se apoderarem de todos os símbolos e produções. Eles alcançaram essa façanha pela imposição e, assim, mantiveram ao longo do tempo um contrato extrabiológico desfavorável às mulheres.

O extrabiológico é o que não é codificado pelos genes, o ecossistema no qual nossa humanização se manifesta: construções políticas, culturais, sociais, religiosas etc. Ao longo

---

* Na mitologia grega, Sísifo, filho de Éolo e Enarete, é o mítico fundador de Corinto. Sísifo é mais conhecido por sua punição, que consiste em empurrar uma pedra para o topo de uma montanha, de onde sempre acaba caindo. Por ter frustrado a Morte, os deuses o condenaram a empurrar eternamente para cima de uma colina uma enorme rocha que sempre rolava ladeira abaixo, assim que ele conseguia içá-la até o topo. O gesto de Sísifo exprime toda a essência do absurdo dos mecanismos que nos prendem a algo que constantemente recomeçamos e que nunca acaba.

da história, o contrato extrabiológico foi imposto às mulheres de forma unilateral, sem negociação entre as duas partes, dialogando com um mesmo nível de equilíbrio. Tal conversa nunca ocorreu. Por isso, a subversão é algo imperativo para as mulheres.

É o último recurso. O gesto supremo. A fantástica arma da libertação e da inversão de uma ordem sufocante e estagnante, na qual as mulheres não podem manifestar toda a riqueza de sua humanidade e se veem relegadas aos personagens de segunda categoria. Atrizes coadjuvantes, apesar de garantirem a perenidade biológica da humanidade.

As mulheres precisam ser subversivas para romper definitivamente com os termos de um contrato que as desvaloriza e persiste de várias formas, muitas vezes sem que elas percebam. A subversão é o que falta às mulheres para que sejam totalmente livres, se desprendam do olhar avaliador dos homens e se permitam participar plenamente da construção do mundo.

A subversão é a revolução copernicana das mulheres. Um chamado para ser e um imperativo para agir. A linha interna que moverá as linhas externas – coletivas. A vida daquelas que se reúnem ao redor dessa consciência.

Para ser subversiva, há condições a serem cumpridas. Não é subversiva quem quer... Conhecer a si mesma é um pré-requisito. Ter consciência de si e permanecer si mesma são um desafio, sobretudo quando os meios nos quais as mulheres navegam não lhes pertencem, uma vez que foram concebidos sem elas. Além disso, as pressões e imposições se multiplicam por toda parte.

Compreender de onde vêm e dar nome às situações que enfrentam, são ações que permitirão às mulheres ser subversivas no momento adequado e mobilizar uma energia por elas liberada. Assim como existe uma multiplicidade de vidas femininas não redutíveis a um único esquema, há mil e uma maneiras de sermos subversivas.

Propomos às mulheres que apliquem a subversão em seu cotidiano pessoal e profissional. Que aprendam quando e como se tornarem subversivas.

Através da experiência da subversão, as mulheres trabalham em prol do surgimento de outro paradigma de civilização. Aniquilam a poderosa hipótese que sustentou o paradigma civilizacional ocidental. As relações sociais de gênero foram fundadas em uma hierarquia ontológica que produziu uma relação de força: o masculino prevalece sobre o feminino.

Em sua essência, o homem não é o contrário da mulher. A mulher não é o contrário radical do homem. Percebe-se que, no século XXI, essa evidência ainda não tem a manifestação universal e concreta tão esperada. *In fine* (em última instância), as mulheres só se libertarão através de si mesmas.

Toda mulher se encontra sozinha quando se torna subversiva. No entanto, vocês são mais numerosas do que imaginam...

Sobre a importância de ser... "alguém" no feminino

Pense em suas virtudes... Seja uma mulher moderna... Trabalhe... Cuide das crianças... Reze... Aborte... Não aborte... Segure as lágrimas... Goze... Esteja presente... Não fale tanto... Faça regime... Use maquiagem... Ganhe mais... Fique em casa... Seja

o pilar da família... Case-se... Divorcie-se... Seduza... Vista-se de maneira conveniente... Ria... Pense e se cale... Me ame...*
O que é ser mulher no século XXI? Será que ela ainda pertence à "raça maldita das mulheres" – segundo a expressão multissecular de Hesíodo** –, que, como diria Rousseau, deve ser "contida desde cedo", sendo assim perpetuamente submetida aos padrões alheios? O olhar de Deus nos olhos do homem.

O que sentem as mulheres hoje quando são mães, amantes, esposas, solteiras, sem filhos ou estão fora da heterossexualidade? Quando trabalham e multiplicam infinitamente o tempo de suas agendas? Como se consideram quando ainda hesitam entre uma vida em família e a carreira?

Disseram a elas que o mundo poderia esperá-las em outro lugar que não em uma cama, uma cozinha ou na porta da escola no término da aula? Claro, hoje parece haver um consenso unânime de que o lugar das mulheres não é apenas na cama, na cozinha ou na porta da escola no término da aula. O mundo as esperaria em outros lugares... No entanto,

---

* Essas injunções coincidem com as palavras incisivas de Camille Rainville (*Be a Lady They Said*) e o vídeo apresentado pela atriz Cynthia Nixon, que viralizou nas redes e com o qual concordo plenamente. Pronunciei essas palavras em uma conferência, em 2011. Fiquei feliz com essa conscientização global perante as insustentáveis injunções dirigidas em fluxo contínuo às mulheres no mundo. Como mulheres, temos a responsabilidade de revelar e mostrar todo o absurdo e a opressão que elas refletem.

** As mulheres são, antes de tudo, como os animais, consideradas como uma raça separada na mais pura tradição de Hesíodo: "Porque foi dela (a primeira mulher) que se originou a raça das mulheres em sua feminilidade – as tribos de mulheres." Rousseau: *Emílio, ou da educação*.

o trabalho das mulheres ainda não tem o mesmo valor, e a carga mental continua sendo feminina em ampla medida. Uma interrogação subsiste. Como as mulheres avaliam e escolhem as respostas à pergunta: por que gastar com a roda de fiar* o tempo que deveria ser dedicado aos estudos e não se permitir descobrir o simples fato de ser alguém? Alguém no feminino: um ser humano. Uma pessoa aquém e além do gênero. E expressá-lo. O que fazem as mulheres perante essa equação e de que maneiras a resolvem?

Saber quem somos abre as portas do mundo. É uma força que faz romper os tetos de vidro que, mesmo brilhando nos corredores escuros das organizações, não reluzem como prata no céu estrelado que abriga nossos destinos. Bem-vinda à subversão.

A subversão evoca a ideia de uma reviravolta, uma inversão na ordem das coisas. Uma alteração e uma transformação. Expressa o questionamento de um modelo estabelecido com seus valores e funcionamento. Remete ao desacordo, à recusa de uma ordem, de uma autoridade ou doutrina dominante. A subversão é a expressão concreta e visível de uma dissidência: uma oposição e uma divergência.

A subversão é um movimento do pensamento, o fruto de uma intenção que busca trazer novas ideias perante um conjunto de regras existentes, ou simplesmente invertê-las. A subversão contém uma potencialidade revolucionária. Subversão e revolução compartilham algumas linhas de sentido.

---

* Referência ao ensaio da filósofa Michèle Le Doeuff, *L'Étude et le Rouet*, Paris, Seuil, 1989.

A subversão remete à tática, à arte de empregar os melhores meios e recursos disponíveis para alcançar um objetivo. Método, procedimento, truque, manobra e jogo se repercutem. A subversão é um convite para uma mudança de paradigmas. Há que se ter muita inteligência e força para instilar a mudança, quer os meios empregados sejam a influência suave, quer um diálogo positivo e aberto ou a coerção.

A subversão é sinônimo de contestação. Ela abala os discursos normativos, os hábitos e as referências. É um momento de abertura para algo novo, seja qual for o conteúdo das revoluções políticas, culturais e artísticas que anuncia.

A subversão é utópica, pois antecede o local que ainda não existe (*ou-topos*).

A subversão conduz a uma mudança de paradigmas. Contém a força da utopia como jogo retórico, tal como desenhado por Thomas More no século XVI. Simular um mundo invertido. Apontar as disfunções. Pintar uma sociedade ideal para destacar outras referências e postulados. A utopia abre o campo das possibilidades pensando fora dos caminhos já percorridos e utilizando a capacidade alquímica da criatividade.

Juntas, exploraremos as múltiplas trilhas da subversão.

Prefácio à Edição Brasileira

Subversivas: A Arte Sutil de Nunca Fazer o Que Esperam de Nós – A Resposta Definitiva para as Mulheres Construírem seu Lugar de Direito na Humanidade, da filósofa e *coach* francesa Gisèle Szczyglak, é um livro para se ter na bolsa, na cabeceira da cama e na mesa de trabalho, pois uma única leitura nunca será suficiente. Precisamos ler e reler Szczyglak para nos lembrarmos das armadilhas machistas, nas quais caímos em razão de nossa experiência de construção social de subordinação ao homem.

A leitura de *Subversivas* é transformadora. Gisèle nos guia em uma trilha rumo à tomada de consciência sobre os processos de exclusão e silenciamento que o patriarcado impôs a nós, mulheres. Ela nos mostra comportamentos e atitudes que adotamos como defeitos pessoais, mas que nem de longe imaginávamos que fossem coletivos. De repente, pensamos: "Será que até na França as mulheres se silenciam em uma situação como essa?" E vemos que sim, as mulheres ocidentais foram educadas para ser "boas meninas", e isso dita nosso comportamento no trabalho e pode afetar nossas ações na liderança.

Um das lições importantes, que *Subversivas* nos ensina, é que a revolução feminista não é uma luta individual. Gisèle nos mostra que precisamos estar em rede com muitas mulheres para liderar as organizações e corporações e causar impacto nas decisões. Mulheres excelentes no que fazem precisam ter espaço e poder para que suas crenças, valores, perspectivas e opiniões sejam consideradas nas organizações em que trabalham. Para tanto, precisam alcançar cargos de liderança junto com outras mulheres.

Ao lermos *Subversivas*, entendemos que aquela lupa que colocam sobre nós quando cometemos erros no trabalho ocorre porque ainda somos minoria nos cargos de liderança. Com isso, nossos erros são vistos como específicos: "problema de mulher". E ser minoria é ser sempre *outsider*. Isso explica o cansaço que sentimos! Ser *outsider* nos faz gastar muita energia na busca por reconhecimento. Gastamos muito tempo desempenhando milhões de tarefas na tentativa de provar nossa competência extraordinária. Por outro lado, o sentimento de ser forasteira em um ambiente masculino nos faz silenciar nossas ideias em reuniões, afetando nossa capacidade de demonstrar a competência que temos.

Apesar de nós mulheres estarmos em todas as áreas do trabalho, por que ainda não temos a mesma remuneração ao exercer cargos semelhantes? Por que ainda lutamos para exercer cargos de chefia, mesmo demonstrando tanta competência?

A leitura de *Subversivas* responde a essas e tantas outras perguntas. Ao percebermos como as representações estereotipadas de gênero nos impedem de modificar esse mundo construído pelos homens, nossa programação mental modifica e nos impele a lutar para acabar com todas as formas de discriminação, estigmas e preconceitos.

Gisèle Szczyglak nos motiva a romper com os estereótipos de gênero que nos inferiorizam na hierarquia de poder econômico, político e social. Ao entendermos que os trabalhos de cuidado com filhos, casa e familiares não estão codificados geneticamente, compreendemos que nossa participação na civilização precisa ir além do trabalho reprodutivo.

Gisèle Szczyglak nos mostra as possibilidades de sermos vistas como líderes sem os estigmas de gênero, construídos para diferenciar homens e mulheres. Após a leitura de *Subversivas*, as mulheres não mais aceitarão a acusação de serem "emocionais demais" somente pelo fato de terem um útero.

Gisèle Szczyglak visita o Brasil anualmente, às vezes mais de uma vez por ano, para ministrar cursos de liderança para mulheres. Seus cursos são disputadíssimos, pois todas que o fazem sentem transformações não apenas profissionais, mas também pessoais, pois é como se um véu fosse tirado de seus olhos. Graças a seus ensinamentos, passamos a enxergar nossos freios pessoais e somos motivadas a desconstruir síndromes e complexos que nos foram interiorizados e nos impedem de acreditar em nossas capacidades de liderar grandes projetos e organizações.

No primeiro curso que Gisèle ministrou em Brasília para um grupo de mulheres da gestão pública em 2016, nós mulheres nos emocionamos ao verificar que questões pessoais eram compartilhadas por todas da sala. Gisèle nos mostrou que o que antes considerávamos "defeitos" guardados a sete chaves tinha nome e era um fenômeno global. Por exemplo, o fato de sermos minoria em cargos de liderança nos faz acreditar que precisamos compartilhar nossos projetos e nossas ideias com todo mundo. Trata-se da síndrome da transparência. Demonstramos nossa lealdade ao máximo e transparecemos todos os nossos pensamentos. Mas isso é ruim? Gisèle nos mostra que sim, pois acabamos dando aos outros poder sobre nós. Ao nos mostrarmos demais, damos margem para a manipulação.

Graças ao intenso intercâmbio entre Gisèle e as gestoras brasileiras, o Brasil passou a ser sua segunda casa, como ela sempre diz. Por isso, fez questão de que a primeira tradução de seu livro fosse para o português. A tradução de *Subversivas* é uma oportunidade maravilhosa para que mais e mais mulheres no Brasil inteiro possam passar da fase da síndrome da boa aluna.

O encontro com Gisèle Szczyglak é uma oportunidade para renunciarmos aos contos de fadas. É um convite para sairmos da caixinha de valores que os homens inventaram para nos posicionar como objetos de decoração da civilização, e não como parte dela. Gisèle nos convoca a exercer nossa liberdade de ser grandes e inteiras em nossas relações, sem estar presas ao que disseram que somos por determinação biológica.

A leitura de *Subversivas* nos impulsiona a ter visão de onde queremos chegar e a nos movimentar para ativarmos nossa liderança nas empresas privadas, no setor público, na arena política e em nossa vida. Mulheres subversivas lutam por sua humanidade. Mulheres subversivas participam da construção da civilização. Mulheres subversivas não aceitam os mitos nem as regras que as submetem cultural, econômica e socialmente. Mulheres subversivas têm o controle de sua vida pessoal e profissional. Mulheres subversivas são verdadeiras e confiam em suas capacidades. Mulheres subversivas lutam pela emancipação de todas as pessoas, sem subjugar nenhum ser humano, nem mulheres nem homens. Quando todas formos subversivas, o feminismo terá vencido a luta pela igualdade.

– Iara Alves

Especialista em Políticas Públicas e Gestão Governamental do Governo Federal Brasileiro e doutoranda em Estudos sobre a Mulher, Estudos de Gênero e Feminismo na UFBA. Conheceu Gisèle em 2016, na Enap, onde foi sua aluna e diretora da área de formação profissional.

Subversão:
a resposta definitiva ao
sequestro civilizacional

> Todas as ideias nas quais se baseia atualmente a sociedade foram subversivas antes de serem tutelares.
>
> Anatole France

A subversão é uma artimanha, uma habilidade que requer astúcias e artifícios. A artimanha é artesã da tática. Na *Odisseia*, Ulisses foi subversivo em relação aos deuses do Olimpo. Utilizando a artimanha, desafiou com sucesso todas as provas que os deuses lhe opuseram durante sua viagem de volta a Ítaca. Praticou uma espécie de aikidô do pensamento e resolveu as situações de maneira imprevisível, quando ninguém esperava.

Enquanto esperava pacientemente por Ulisses, Penélope foi subversiva em relação aos pretendentes que invadiam sua casa.* A subversão de ambos reluzia com uma coloração estranhamente marcada pelo gênero e se construía a partir de uma assimetria dos papéis masculino e feminino. Aos homens: o espaço e a liberdade da aventura, quer eles fossem trivialmente humanos, quer fossem semideuses. Às mulheres: a esfera fechada do espaço privado, a obrigação da submissão a uma ordem masculina. Ulisses foi subversivo no movimento e no nomadismo de uma viagem que lembra uma iniciação. Uma instrução ao mistério de ser si mesmo em um diálogo com o universo e o mundo. Penélope, ao contrário, presa na ilha de Ítaca, estava ancorada à imobilidade de um domínio a ser administrado. Carga mental e mitologia ecoam de forma perceptível. O peso da *domus*: a casa. *Domesticus*, da casa à domesticação; é fácil atravessar o Rubicão, e essa travessia não é nenhuma vitória. O centro gravitacional da domesticação** é um processo de "doma racional"das mulheres. Domesticação no sentido de educação. Respeito pelas regras: adestramento e conformidade.

---

* Referência às obras atribuídas ao poeta grego Homero (séculoVIII a. C.), que são a *Ilíada* e a *Odisseia*.

** Referência ao pensamento do filósofo contemporâneo Peter Sloterdijk. "A domesticação do ser humano não foi algo concebido. Da Antiguidade até nossos dias, o humanismo evitou considerá-la." Essa "domesticação" passa pela conscientização da "tese do ser humano como criador do ser humano", processo que depende "da domesticação, do adestramento e da educação", *in Règles pour le parc humain*, Paris, Mille et une nuits, 2000.

Quando civilização rima com domesticação

A poderosa mistificação que deu lugar a esse processo fez com que as mulheres acreditassem que sua domesticação era civilização. Se elas não acreditassem nisso, eram domesticadas à força. A civilização reduzida às quatro paredes de uma casa é uma domesticação. Marcar a ferro o corpo e a mente. Uma ancoragem identitária na imobilidade.

O trabalho sem valor das mulheres

Na epopeia da *Odisseia*, a subversão de Penélope inscrevia-se na repetição de um gesto engrandecido na arte e na proeza. Enquanto esperava o retorno de seu esposo Ulisses a Ítaca, Penélope desfazia à noite uma colcha que tecia durante o dia, a fim de afastar os pretendentes que queriam forçá-la a se casar com um deles: "Eles me pressionam com o casamento, eu enrolo as artimanhas em um novelo".* Ela usava como pretexto o término da colcha de Laerte, seu sogro, antes de se decidir por casar-se com um deles. Sua artimanha foi desmascarada por uma serva. Penélope teve de escolher um esposo e propôs um desafio aos pretendentes. Ela se casaria com aquele que conseguisse encordoar o arco de Ulisses e, com uma flecha, atravessar os orifícios de 12 machados alinhados.

O gesto cotidiano de Penélope pertence ao trabalho invisível e sem valor das mulheres. A noite desfazia o que compunha de dia. Enquanto isso, Ulisses descobria a si mesmo no desafio e na exploração de um mundo desconhecido. Ele voltou no momento oportuno, disfarçado de mendigo. Matou os pretendentes na competição de arco e flecha e venceu.

Ulisses e Penélope deram prova de *mètis* ou inteligência da artimanha.** Empregaram uma abordagem situacional para transformar sua realidade e tentar tirar algum proveito dela. A subversão de Penélope não podia ultrapassar o espaço fechado de sua própria domesticação.***

---

* Referência ao verso 137 do livro XIX da *Odisseia*.

** Sobre esse tema, ver a obra de Marcel Detienne e Jean-Pierre Vernant, *Les Ruses de l'intelligence: La mètis des Grecs*, Paris, Flammarion, 2018.

*** Em seu ensaio *Les femmes et le pouvoir: Un manifeste*, Mary Beard ressalta a advertência que Telêmaco faz à sua mãe para que ela se cale ao querer exprimir uma opinião. "Mãe [...] discorrer é para os homens." Em seguida, Penélope é mandada para seus aposentos. Tradução para o francês de Simon Duran, Paris, Perrin, 2018.

Histéricas a serem controladas

Hoje, no século XXI, as mulheres têm o poder de estender sua subversão para fora da *domus* – a casa – do âmbito familiar, ainda que precisem aplicá-la também a esse lugar de intimidade para serem totalmente livres. De acordo com a artimanha inicial de Penélope, elas têm a possibilidade de ampliar o campo de aplicação.

Com efeito, muitas vezes as mulheres são consideradas curiosidades antropológicas, seres que devem ser educados e controlados porque não conseguiriam fazer isso sozinhas. Os homens sempre querem fazer com que as mulheres andem na linha e permaneçam dentro da ordem das coisas estabelecidas por eles.

Essa mentalidade persistente é encontrada em inúmeros estereótipos ativos em nossa sociedade. Quando uma mulher pensa, ainda é a partir da singularidade de seu aparelho biológico. Se ela se afirma um pouco mais, eleva o tom, toma espaço e utiliza seu corpo dando um murro na mesa, por exemplo, para trazer o discurso e a atenção para si, passa a ser vista como histérica. Se utiliza gestos de comunicação com *body language** (linguagem corporal), estes podem ser interpretados como um convite sexual, e não como o gesto grandioso de um orador inspirador.

---

* Essa é a expressão utilizada nos cursos de comunicação. Os números relativos ao impacto de um indivíduo perante seu interlocutor costumam ser os seguintes: o impacto verbal é de 7%; o da voz (paraverbal), 38%; e o do corpo (não verbal), 55%.

É interessante notar que a inibição induzida pelo medo de serem mal interpretadas e malvistas em seu comportamento reduz o campo de ação e de influência das mulheres, que se subtraem à possibilidade de utilizá-las em toda a sua extensão e em seu impacto. Como se o predicado de base fosse o de que o corpo das mulheres seria inicialmente um campo oferecido e aberto à disposição dos homens; corpo esse que apenas um controle incansável dos códigos da comunicação pudesse cobrir pudicamente e remeter aos códigos de uma neutralidade apropriadamente decente.

Não estamos muito longe das origens médicas da histeria, que são um exemplo perfeito disso, embora mais de 25 séculos tenham se passado.

Vale lembrar que, no século IV a.C., o médico grego Hipócrates pensava que o útero, ou melhor, a parte" de origem uterina" – *hysterykos*, a matriz –, fosse um organismo vivo que tinha a possibilidade de se deslocar por todo o corpo das mulheres e provocar distúrbios e doenças. Surgia o conceito de "útero vagante", que posteriormente inspiraria a literatura médica por séculos.

Uma mulher que não é capaz de dominar seu útero não tem legitimidade para discursar junto a outras pessoas. Não é sequer capaz de entrar no processo civilizacional. Ela permanece um corpo sobre o qual se pode dizer tudo. Não se tornou uma pessoa irredutível. As mulheres são domesticáveis, por isso não são totalmente sujeitos. Seu recinto é seu corpo, e são os homens que o administram, arrogando-se o direito de observá-lo. Seu corpo é mantido dentro de casa, em lugares fechados, dos quais elas só podem escapar ao preço de alguma coisa: sua vida, sua liberdade, sua inteligência.

Eis por que as mulheres precisam se apoiar na energia positiva da utopia contida na subversão para ousar criar uma sociedade. Escolher seu lugar.

A origem da opressão das mulheres: a instabilidade do conceito de humanidade

Voltemos à origem, colocando-nos onde tudo aconteceu: no nível da própria definição do conceito de humanidade. A humanidade é um conceito político, cultural e social instável.

O conceito de humanidade

O termo "humanidade" remete ao conjunto dos caracteres intrínsecos à natureza humana, em particular em sua acepção positiva, quando essa noção se refere à benevolência, à compaixão, ao acolhimento do outro; ou ainda a um aprendizado, a uma forma de educação por meio das humanidades, que desde Cícero* e a noção de *humanitas* designam uma

---

* Em sua defesa *Pro Roscio Amerino*, pronunciada em 80 a.C., Cícero evoca a noção de *communio sanguinis*, "comunhão sanguínea", ou seja, a semelhança fisiológica entre os indivíduos pertencentes à mesma espécie.

forma de cultura, um conteúdo transmitido por textos, no qual o pensamento se inclina para ativar sua própria humanidade. A humanidade se fabrica. Ela personifica uma virtude.

A palavra "Homem", representante da *humanitas*, vem do latim *hominem* e, durante o período imperial da civilização romana, assumiu o sentido de indivíduo do sexo masculino, deixando a noção de *vir* para a origem da palavra "virilidade". Como pessoa, o homem está contido etimologicamente na palavra "humanidade". Ele é produzido e se produz por suas próprias humanidades, pelos textos que escreve, difunde e partilha. Quanto ao termo "mulher", ele deriva de *muliere*, que posteriormente também passou a significar esposa. Do ponto de vista etimológico, a mulher é uma fêmea que se casa e dá à luz. Não está contida na *humanitas**. Do mesmo modo, será excluída da possibilidade de produzir humanidades, textos nos quais narra o mundo e se inscreve no campo infinito das ideias, oferecendo suas versões à sociedade-cultura, tal como os homens.

A humanidade não tem conteúdo definitivo nem absoluto. Ninguém sabe realmente como defini-la. Os que determinam seu conteúdo têm uma vantagem incomparável. Outorgam a si mesmos uma posição de força. Em seguida,

---

* A *humanitas* é o denominador comum de uma semelhança do espírito e do coração, fundada em uma semelhança biológica, uma natureza comum como marca de pertencimento. O sangue dos homens os reúne na *humanitas*, enquanto o das mulheres as leva para uma parte animal da vida biológica que não funda nenhuma comunidade particular. É Deméter presa nos Infernos por seus ovários...

são livres para impô-la aos outros pela pressão e por meio da educação, da cultura e das leis.

A instabilidade do conceito de humanidade provém de dois componentes irredutíveis da natureza humana: a hominização e a humanização.

No princípio, era a hominização

O ser humano é um produto da hominização: a evolução biológica de um corpo que se adapta a seu ambiente. Ele também é fabricado pelo processo de humanização: a evolução psicossocial, não hereditária, não codificada pelos genes, adquirida por meio da lenta e eficaz impregnação da sociedade-cultura regulatória. A humanização prevalece porque dá as cartas e dita as normas.

"A natureza do homem é ser e querer ser livre, mas ele facilmente adquire outro hábito, produto da educação." No século XVI, Étienne de La Boétie nos lembrava a força do poder de determinação dos códigos e das representações que a sociedade-cultura nos envia em fluxos contínuos. Somos obrigados a produzir representações para ilustrar o que poderíamos ser, pois nossa essência não está definida nem predefinida.

Esses modelos são referências com alto potencial sugestivo e alimentam nosso consentimento para sermos educados e aceitarmos as proposições identitárias de nossa sociedade-cultura. "Os homens não viveriam tanto tempo em sociedade se não se enganassem reciprocamente."* Consentimos com

---

* La Rochefoucauld. *Maximes et réflexions diverses* (Máximas), Paris, Garnier-Flammarion, 1977, p. 52.

um mecanismo social que surge de arranjos necessários para viabilizar o coletivo.

Aceitamos ou não participar do jogo. Seria possível recusar-se a tomar parte nesse grande engano evocado por La Rochefoucauld? Até onde pode ir nosso consentimento pessoal e até mesmo nossa adesão ao grau necessário de mistificação para pôr em movimento o mecanismo social? Em alguns momentos, podemos ter a sensação de estar diante de um dilema.

A esse respeito, a palavra das mulheres não tem o mesmo peso que a dos homens ao denunciar esse exercício do engano generalizado que não permite mais criar um vínculo civilizador.

As mulheres excluídas da humanidade

Se aceitamos, querendo ou não, essas convenções é porque elas deveriam nos permitir ter acesso ao *status* de sujeito de direito, para além de toda consideração de gênero. Ora, o fato de que as mulheres nunca foram consideradas como iguais, parceiras e interlocutoras válidas na elaboração da sociedade-cultura e da política as deixa na beira da estrada e as mantém em um estado subserviente.

As mulheres nunca foram consultadas nesse processo que se estabeleceu ao longo da História. De fato, a maioria delas foi deliberadamente afastada da construção da sociedade-cultura, das convenções e das arbitragens necessárias ao seu bom funcionamento. Permaneceram a serviço da "Sociedade" e dos outros, presas a uma residência ou escritório. Penélope continua sem viajar. Não deixou sua Ítaca para viver sua aventura, conversar sobre o mundo, construí-lo dialogando com os deuses... e os monstros de todo tipo. Como se dá a relação hominização-humanização para as mulheres e os homens? Uma coisa é certa: não é da mesma forma, e isso não surpreende ninguém.

A destituição das mulheres da civilização

A relação hominização-humanização produziu um intervalo no qual o ser humano apoderou-se de si mesmo. De um lado, descobriu-se como criatura biológica pertencente ao que é vivo. De outro, percebeu que tinha a possibilidade de definir por si mesmo os critérios de sua humanidade, de estabelecer o conteúdo de sua própria humanização. O campo estava livre! Foi desse espaço tão particular que os homens com "h" minúsculo se apoderaram. Para dar algumas referências sobre a construção desse processo, a opressão física das mulheres – pré-requisito para o sequestro civilizacional, uma vez que atribui a elas um lugar de menor importância – foi identificada, por exemplo, já no período Neolítico* em

---

* Claudine Cohen, *Femmes de la Préhistoire*. "Pensar o lugar das mulheres na pré-história [...] é abordar de frente uma questão essencial para a reflexão sobre o gênero: a da articulação do biológico e do social na atribuição dos papéis e a construção da hierarquia", Paris, Berlim, 2016, p. 21. Claudine Cohen demonstra que a dominação masculina descrita por Pierre Bourdieu como uma "presença universal" não é natural. Apresentá-la como natural, e não como uma construção histórica baseada em uma escolha deliberada de papéis sociais atribuídos a uns e outros, "equivale a agir como se as relações entre os sexos fossem invariáveis". Seria confundir natureza e cultura em benefício apenas dos homens.

benefício de uma forma de homossocialidade na qual as mulheres são objetos de posse. A opressão física resultou em uma opressão extrabiológica, em uma desvalorização constante das atividades das mulheres.

No Paleolítico, embora os "grupos de caçadores-coletores encarregassem as mulheres de trabalhos igualmente importantes e até mais pesados que os dos homens [...], mesmo quando as mulheres proviam as necessidades do grupo em pé de igualdade com eles, os papéis femininos costumavam ser desvalorizados e inferiorizados".* Conforme menciona Claudine Cohen, é interessante ressaltar que a condição inferior das mulheres"não tem uma relação direta com a utilidade de sua função, muito pelo contrário: ela é socialmente construída por meio de um sistema de valores e de desvalorização, de normas de separação e de hierarquia".**

Essa desvalorização construída é o início do sequestro civilizacional que demarcou a História. A homossocialidade, a autossegregação, o bando e o coletivo masculino assumiram o controle sobre a construção do espaço extrabiológico nesse espaço livre: a regulação social, política e simbólica das mulheres, bem como sua invisibilidade tácita, que as exclui da possibilidade de serem sujeitos. Os homens as definiram e descreveram, e quando o fizeram, falaram a partir do palanque do universal, e não de um ponto de vista masculino e singular.

Sozinhas, as mulheres são marcadas com o selo da particularidade. Na introdução ao primeiro tomo dos cinco

---

* *Ibid.*, p. 211.
** *Ibid.*, p. 212.

volumes de *Histoire des femmes en Occident* (História das mulheres no Ocidente), Michelle Perrot e Georges Duby ressaltam essa invisibilidade das mulheres: "Os rastros sutis deixados provêm menos delas próprias que do olhar dos homens que governam a pólis, constroem sua memória, gerenciam seus arquivos".*

Os autores questionam: "Como os homens dominam as mulheres?". Pela afirmação constante da apropriação determinada do espaço extrabiológico, em favor de um microcosmo de pertencimento exclusivamente masculino que distribui todos os poderes – no sentido de fazer, criar e influenciar – entre os homens.

Pelo número – a comunidade de homens, o espírito de um clube seletivo e fechado – e pela força – física e narrativa. Pelo exercício do poder, uma ingerência sobre a cultura e a narração contínua da História. Fizeram disso seu campo de jogo prioritário.

Entretanto, vale lembrar que essa evidência, ainda não foi integrada à sociedade-cultura. Somos todos um produto comum da evolução humana, oriundos de dois movimentos contíguos: a hominização e a humanização.

A extraordinária plasticidade de nosso cérebro nos oferece uma aprendizagem ao longo da vida. Nossas capacidades cognitivas permitem a conquista do que não é imediatamente codificado pelos genes. Trata-se de um espaço que chamamos de "extrabiológico". Portanto, nada em nossos hábitos domésticos é gravado nas estruturas de hélice dupla

---

* *Histoire des femmes en Occident. L'Antiquité*, tomo I, Paris, Perrin, 2002.

de nossos ácidos desoxirribonucleicos. Nem mesmo a cultura... um pseudodeterminismo quando é instrumentalizada por um poder coercitivo. Nunca tivemos o gene do ferro de passar roupa. Essa atividade não está codificada em nosso DNA, apesar das prescrições precoces dos catálogos de brinquedos de Natal, feitos para nos iniciar nas artes domésticas e ativar nosso gosto por nossa própria domesticação. Nunca tivemos o gene que nos faz estar a serviço de outra pessoa. Não somos um *open bar* nem um *open space*.

A questão poderia parecer trivial e totalmente ultrapassada no século XXI, mas há evidências que precisam ser relembradas diante dos estereótipos persistentes, da carga mental das mulheres e das tentativas de remeter"por natureza" ao refúgio da *domus*-domesticação, uma espécie de gruta particular para uso exclusivo das mulheres.

Não temos a capacidade inata de trocar fraldas, arrumar a cozinha, organizar a vida social e as férias familiares. Amamentar é algo que se aprende nas maternidades. E se esses senhores de terno, com ar austero e sério, sabem gerenciar contas de resultado, brilhar nos comitês executivos e de direção, analisar estratégias complexas para inventar a economia de amanhã, saberão descer com o lixo e tirar a mesa de maneira trivial. Continuarão sendo o que são: seres humanos com um ferramental biológico que designa seu pertencimento ao gênero masculino. Nada mais, nada menos.

Para compreender as aspirações masculinas a querer inscrever sua opressão histórica em nossos genes, é preciso dar uma olhada no processo de humanização.

Humanização: o devir extrabiológico da sociedade-cultura

O processo de humanização ocorre quando o ser humano se torna extrabiológico com suas produções. A cultura, a política, os cultos e os aspectos simbólicos de nossa existência não estão gravados em nossos genes. Somos o resultado de uma coevolução biológica e cultural. Atravessamos o tempo às cegas, na interdependência dinâmica dessas duas dimensões. Não há regra para definir e compor o espaço deixado pelo extrabiológico. A variedade de civilizações ao longo da história ilustra isso com perfeição. Cada sociedade determina seus próprios conteúdos. Organização da vida familiar, social e política; repartição, distribuição e segmentação dos papéis; impacto das crenças – monoteísmo, politeísmo, xamanismo, animismo; produção da cultura e exercício do poder.

O *status* das mulheres na sociedade-cultura

Pouco importa se nascemos três mil anos antes de Cristo, no vale do Nilo, no Egito antigo, no século XV, às margens do lago Tanganica, ou em 600 a.c., às margens do lago Titicaca, entre o Peru e a Bolívia; no século XVIII, na Inglaterra, no início da era industrial, ou nos anos 2020, na Nova Zelândia: a partir do momento que nascemos mulheres, o valor atribuído a nosso papel e *status* sempre será degradado. Mesmo com variações, valeremos sempre menos que um homem, ainda que sejamos intrinsecamente seres humanos. Pelo simples fato de terem nascido do sexo masculino, os meninos já partirão com uma vantagem, cuja origem e sentido eles próprios não compreenderão no início da vida. A sociedade-cultura lhes transmitirá de maneira mais ou menos explícita sua vantagem ontológica, construída de maneira estrutural e cultural; aliás, como se tudo fosse falaciosamente indiferente... O que nos define varia no tempo e de acordo com a geografia. Algumas sociedades são mais igualitárias que outras. Contudo, o denominador comum é que as mulheres são subestimadas pelos poderes dos legisladores e pelos produtores de conteúdos socioculturais. Muitas vezes, boa parte delas é impedida de ter acesso a uma posição que permita a construção do parque temático.*

Muitos freios subsistem e se encontram em todos os níveis. Financeiros: quem financia e apoia uma mulher em seus

---

* Refiro-me à noção de "parques temáticos políticos", definida pelo filósofo Peter Sloterdijk em seu livro *Règles pour le parc humain, op. cit.*, p. 65.

projetos? Culturais: a mulher de poder é subversiva porque sai do lugar que lhe foi imposto. Ela poderia até mesmo ser tachada de imitadora. Pessoais: quem a apoia de fato em sua casa? Sociais: do ponto de vista cultural e sociológico, quem a conduz, integra, aceita e valida em seu ambiente? Quem lhe diz "vá em frente"?

O caminho para ter acesso aos mais altos cargos ainda é mais complexo para as mulheres, pois elas enfrentam não apenas as dificuldades clássicas, mas também as ligadas ao tema deste livro. Ousam romper com o esquema da Mulher tal como pensado pelos homens. Invertem uma ordem simbólica estabelecida, que confere a prioridade ao masculino. Tornam-se subversivas.

Para se opor a esse estado de coisas, a essa mudança de paradigma civilizacional, que chega e se revela um fenômeno global, o melhor a fazer é isolá-las, deslegitimá-las, ridicularizá-las quando possível, para destiná-las a seu lugar naturalmente cultural. É o que se pode observar todos os dias na imprensa e nas redes sociais: esse tipo de tentativa de bloquear uma sociedade no fim de um ciclo.

Em seu já mencionado ensaio, Claudine Cohen desconstrói os estereótipos sobre a visão das mulheres da pré-história. É interessante ver a narrativa produzida pelo sequestro civilizacional sobre essa época e o que foi retido pela cultura. Esse é um exemplo entre muitos outros, pois, como toda produção da sociedade-cultura, as ciências humanas contêm vieses cognitivos, opiniões ideológicas preconcebidas, que refletem unicamente o mapa mental de quem as produz. A posição neutra e universal que os homens outorgam a si mesmos para consolidar sua dominação extrabiológica não existe. Os cinco tomos de *Histoire des femmes en Occident*, de Georges Duby e Michelle Perrot, ilustram o assunto e atestam a diversidade das condições das mulheres e de suas possibilidades, pelo menos em relação ao Ocidente.

As mulheres pioneiras são elogiadas quando têm sucesso, como uma curiosidade antropológica que suscita uma esperança entre as mulheres. Atualmente, merecem destaque a eleição de Kamala Harris como primeira mulher vice-presidente dos Estados Unidos, de origem mestiça, e Jacinda Ardern, primeira-ministra da Nova Zelândia. Ambas suscitam uma enorme resistência, bem como constantes tentativas de discriminação e desvalorização. A elas se atribui a vontade de eliminar os homens ou de serem impudicas por usarem um decote inadequado como se fosse algo trivial. Esses são sinais de resistência a um compartilhamento do mundo pautado no gênero, à existência de um mundo comum tal como descrito pela filósofa Hannah Arendt e, portanto, à possibilidade de contribuir com ele de maneira individual, independentemente do sexo e do gênero que nos é atribuído, sem consentimento, o que representa uma forma de violência simbólica e extrabiológica. Como nessas representações o corpo das mulheres ainda pertence simbolicamente aos homens, seu intelecto deveria permanecer a serviço deles e dar-lhes destaque, não o contrário.

A opressão das mulheres: a regra do jogo do extrabiológico

Trata-se de escolhas voluntárias, efetuadas por quem tem o poder de impô-las como construção e visão de mundo e funcionamento social. Nenhum guia prático do extrabiológico e do processo de humanização nos é dado quando nascemos. Apenas a educação inculca em nós as orientações mais importantes, tomadas pela sociedade-cultura, na qual o acaso do tempo e da geografia nos faria nascer. A educação é uma programação. Seu conteúdo extrabiológico reflete as escolhas de determinada sociedade.

Existem regras associadas à regulação biológica dos corpos e que nos mantêm vivos que são irredutíveis. Se não as respeitarmos, morreremos. Do ponto de vista extrabiológico, morremos pelas ações dos representantes da ordem estabelecida, ou seja, daqueles que decidem que estamos fora do contrato extrabiológico e dos parâmetros escolhidos por nossa sociedade-cultura.

Estar fora dos padrões é algo que se apresenta e se conquista de diferentes maneiras. Lembretes regulares, insistências, advertências e... fim de jogo. Da tolerância, passa-se à reprovação, ao confinamento, ao banimento, ou à morte. "Não se pode olhar fixamente para o sol nem para a morte", já dizia François de La Rochefoucauld.

Por exemplo, o direito romano considerava as mulheres como propriedade dos homens. Elas podiam sofrer a morte determinada pelo pai ou pelo esposo.* Na França, encontramos

---

* Referência às Leis das Doze Tábuas (451-449 a.C.), que, no entanto, conferiram algumas nuanças à *patria potestas*.

essa noção no Código Napoleônico, o Código Civil redigido em 1804 e que designa o pai como chefe de família em uma versão um pouco mais civilizada (sem direito de vida ou morte) e totalmente enfraquecedora para as mulheres, pois elas só se tornariam sujeitos de direito em 1938, quando sua incapacidade civil foi suprimida. O Código Napoleônico inscreveu a submissão das mulheres no núcleo familiar. Elas tinham o estranho *status* de "menor civil". O artigo 1124 especificava: "As pessoas privadas de direitos jurídicos são os menores de idade, as mulheres casadas, os criminosos e os deficientes mentais"; "A mulher e seus órgãos são propriedade do homem", é o que se pode ler nesse Código.

A partir de 1938, as mulheres não devem mais obediência ao marido. Só poderão abrir conta em banco sem autorização em julho de 1965, no contexto da reforma dos regimes matrimoniais, que devolveu à mulher casada sua capacidade jurídica, bem como o direito de assinar um contrato de trabalho sem pedir autorização ao marido.

No século XXI, os crimes de honra ainda persistem, e as mulheres podem ser mortas por membros da própria família. Ao longo da história, as mulheres sofreram toda sorte de violência: foram queimadas, acusadas de bruxaria na Idade Média, vendidas, agredidas com ácido no rosto, condenadas depois de violentadas, cedidas a soldados ou requisitadas para aliviar esses senhores em eventos esportivos de envergadura, tiveram o corpo mutilado ou foram prometidas ainda crianças em casamento. Em todas essas circunstâncias, foram convocadas a obedecer ao primado do homem, em troca de exploração, torturas e da própria vida. O termo "feminicídio"

violência conjugal são o *continuum* dessa série. E a história da humanidade é um livro aberto da violência que as mulheres sofreram pelo simples fato de serem mulheres do ponto de vista biológico e inscritas pelos homens em uma categoria de gênero vinculada à uma subnatureza.* Certamente há homens esclarecidos que não apoiam esse sistema. Eles não construíram majoritariamente a história, tampouco suas vozes foram suficientemente ouvidas. A tolerância à misoginia e ao sexismo comum também ilustram esse fato.

Homem/Mulher: duas representações opostas na civilização ocidental

As representações simbólicas identitárias do homem e da mulher na civilização ocidental são totalmente diferentes e oponíveis.

O homem é visto à partir de uma identidade que pertence ao registro de uma sobrenatureza em uma dinâmica positiva. Desse modo, ele se produz e se representa através

---

* Os conceitos – subnatureza e sobrenatureza – criados pela autora consistem em explicar o que acontece no mundo extrabiológico em que se baseia o processo de humanização: a cultura, o social, o religioso, o simbólico, enfim, o mundo que se opõe à natureza – ou hominização – e, consequentemente, à biologia. Nesse mundo do extrabiológico, a autora estipula claramente que as referências à biologia dos homens são sempre supervalorizadas e supervalorizantes, enquanto as referências à biologia das mulheres são sempre expressas de modo pejorativo, trazendo um coeficiente negativo. Assim, os homens estariam mais próximos dos deuses com uma supernatureza, como os super-heróis, enquanto as mulheres seriam ainda menos que a própria natureza, subnatureza, mais próximas do animal.

de suas narrativas, que vão da política à arte. O homem personifica o universal. O homem personifica o Homem em uma espécie de sublimação rumo à figura do herói e do divino – das estátuas gregas aos *comics* americanos... Assim, o homem ultrapassa o *status* de espécie apropriando-se do espaço extrabiológico do gênero: o político, o social, o cultural e o simbólico. Os valores dos quais eles se apropriam de forma extrabiológica e que lhes são atribuídos "por natureza" constituem valores materiais, fundados no tríptico: apropriação, posse e visibilidade legítima.

Inversamente, a mulher personifica uma identidade vinculada a um registro de subnatureza em uma dinâmica assintótica e depreciada. A mulher tende a representar o universal, mas se encontra isolada no particularismo e na singularidade, associados a um gênero desvalorizado. Personifica o Outro, a alteridade da mulher. Não ultrapassa a categoria da espécie. É submetida à reprodução que não tem extensão valorizável no domínio extrabiológico: o político, o social e o cultural. Os valores associados são imateriais e se baseiam na doação e na invisibilidade, um patrimônio biológico sem retribuição. O que ela faz é invisível, não é levado em conta nem tem um valor* tão forte quanto o coeficiente extrabiológico dos homens.

Nessa perspectiva, o extrabiológico não sofre contradição alguma. Não consegue olhar sua própria negação de frente, pois não tem base que o justifique do ponto de vista

---

* As desigualdades salariais que persistem ainda hoje são a perfeita ilustração desse fato. Os setores femininos e as atividades das mulheres são menos atraentes e remuneram menos do que os setores masculinos.

da natureza, mas unicamente do ponto de vista da cultura. Seu poder de vida ou morte, de inclusão ou rejeição, vem da força de suas regras e convenções, aleatórias e suscetíveis de serem questionadas.

Custa caro às mulheres não se encaixar nos parâmetros e não seguir os critérios dos que têm o monopólio do extrabiológico e o controle total da construção da sociedade-cultura. Elas são a variável aleatória do exercício do poder masculino e um dano colateral aceito.

A posição hegemônica dos homens

Nossa humanidade é uma interface que surge na interseção do biológico (hominização) e do extrabiológico (humanização e sociedade-cultura). Sua definição dá lugar a duras lutas territoriais por seu monopólio. O espaço extrabiológico é infinitamente precioso. É nesse espaço único que os seres humanos dão sentido à vida e estabelecem as condições de sua própria existência.

Fora da vida biológica dos corpos, nada nos garante a humanidade de nossos congêneres. A humanidade de nossos pares é percebida e validada por meio dos comportamentos, dos valores e de uma linguagem que a atesta.

Nós nos produzimos sem modelo. A humanização corresponderia à descoberta tecnológica, feita no decorrer da hominização, da possibilidade de produzir a si mesmo sem modelo e com esse viés em relação ao mundo, ou seja, de que é a consciência de um choque a causar a permanente interação entre os ruídos e gestos corporais e as explosões e movimentos cognitivos do cérebro. A humanização da hominização não teria sido possível sem sua origem técnica, ou melhor, sem a descoberta de um processo único de domesticação bem mais amplo do que o gesto técnico puro, sem as condições de exposição do animal humano ao extrabiológico e à sua apropriação.

Nós nos autoproduzimos. Desde nosso nascimento, participamos da expansão do domínio do extrabiológico: a sociedade-cultura com suas inúmeras civilizações. A sociedade-cultura corresponde ao único espaço encontrado pelo animal humano que é continuamente produzido pelo processo de humanização. Trata-se aqui da noção de meio ecológico. Para sobreviver, toda espécie precisa de um ambiente, de um ecossistema, de uma ecologia que lhe seja própria. Na Era do Quaternário, por exemplo, surgiram muitas espécies novas, mas elas não sobreviveram porque não tinham um meio ecológico adequado. Como ser vivo, o *Homo sapiens sapiens* precisa ocupar um espaço e nele encontrar seu lugar. A especificidade do ser humano é ter tido a possibilidade de criar um meio virtual: o extrabiológico.

É uma oportunidade extraordinária poder ocupar um meio livre, no sentido etológico. Essa possibilidade é uma oportunidade que deve ser aproveitada. Os que a aproveitam adquirem uma posição hegemônica. Ganham o poder de a impor aos outros através dos termos de um contrato extrabiológico. Cabe agora às mulheres assumir a batuta da subversão e dela se apropriar. Para tanto, é preciso rescindir o contrato extrabiológico que validou nossa grande desvantagem.

Os desafios do contrato extrabiológico

Aqui na terra, somente o contrato extrabiológico é válido para se fazer parte da humanidade. Compondo-o à sua maneira, cada civilização erige seus axiomas e modos de funcionamento como princípio universal. Disso resulta o considerável primado da sociedade-cultura sobre a dimensão do ser vivo. Esse processo de humanização deveria nos conduzir à civilização: nossa ideia mais elevada de humanidade e de condescendência para nos relacionarmos com nossos semelhantes.

Uma socialização instável

Outro fator se acrescenta a esse quadro: a instabilidade de nossa socialização. O contrato extrabiológico permite regular nossa animalidade política. De acordo com Aristóteles, o ser humano é um animal político – *zoon politikon* – "esporádico".

Nossa animalidade política e aleatória surge de maneira intermitente. Nossa socialização se expressa de modo descontínuo. O fato de vivermos em uma sociedade-cultura a estabiliza, mas não mais do que isso. Trata-se de uma constatação, sobre a qual o controle é quase imprevisível.

Ainda não temos uma consciência cotidiana do nosso grau de socialização. Nossa presença física não demonstra necessariamente nossa presença interna. Nossas palavras não revelam os esforços que fazemos para falar, responder, estar à escuta e permanecer civilizados. Esses desvios nos tornam ambíguos em relação aos outros e a nós mesmos.

Nossa socialização esporádica fundamenta nossa humanidade. Embora seja aleatória e careça de confiabilidade, ela nos define. Se nos retiramos dessa socialização, tornamo-nos ora deuses – acima de nossa condição humana –, ora animais – aquém de nossa condição: "O homem é, por natureza, um animal político, e quem se encontra fora da *pólis*, de maneira natural, é claro, e não por acaso, é ora um animal, ora um deus".*

O pertencimento às produções extrabiológicas da sociedade-cultura e à sua socialização nos guarnece de todas as qualidades humanas. Nos dá o passaporte para entrarmos no círculo da humanidade e agir.

Como os homens conseguiram se impor, fazendo as mulheres se sentirem culpadas?

---

* Aristóteles, *Política*.

O sequestro civilizacional

Desde que ficou claro que o espaço oferecido pela humanização e por nossa socialização era maleável e que bastava ocupá-lo para preenchê-lo à sua maneira, os homens aproveitaram a oportunidade e ssumiram a esfera extrabiológica.

Entorpecimento intelectual, psicológico e emocional das mulheres. Como os homens puderam pretender pensar a humanidade, como grandes civilizadores, excluindo-nos de seus benefícios? Nós, que somos seu *continuum* biológico? A questão é tão importante que deve haver algum tipo de falha ou erro. O fato de não compreender se transformou em pecado – original. A famosa culpa feminina inculcada é um freio para a revolta. O funcionamento de nosso pensamento causal também nos leva a pensar que não há fumaça sem fogo.

Não se trata de uma falha, mas de um erro de programação. Não apenas de um erro, mas de vontades incorporadas. Para perdurar e se manter, essa apropriação teve de ser alimentada de maneira constante com uma grande variação de conteúdos: mitos, literaturas, ciências, dogmas, *experts* no assunto, mídia etc. Assim, ela se valida e se autojustifica sozinha como uma figura imposta. Os homens souberam manter, em seus círculos muito fechados, o essencial da reflexão e da legislação de nossas sociedades, das quais se tornaram os fiadores e os guardiões. Uma verdadeira OPA (Oferta Pública de Aquisição)! Ou melhor, uma Opaeg: Oferta Pública de Aquisição do Extrabiológico, baseada no Gênero, endereçada unicamente aos que já ocupam seus lugares e deles tiram preciosas vantagens.

Assim que uma abertura se tornou possível, e ainda o é, os homens se aproveitaram dela. Esse fenômeno atravessa nossa História. Por exemplo, quando a democracia grega foi inventada, por ocasião de mudanças políticas ou de legislação, da conversão do sagrado em dogmas, da passagem de religiões politeístas a monoteístas, dos paradigmas científicos etc.: a lista não é exaustiva. Os estudos de Bachofen sobre o matriarcado e, de modo mais genérico, os estudos de filósofas, sociólogas e historiadoras como Simone de Beauvoir, Françoise Héritier, Luce Irigaray, Colette Guillaumin, Michèle Le Dœuff, Nicole Loraux, Élisabeth Badinter, Sarah Kofman, Nicole-Claude Mathieu, Françoise Collin, Geneviève Fraisse, Sylviane Agacinsky, Barbara Cassin, Pascale Molinier, Judith Butler, para citar apenas algumas, desconstroem o monopólio de um pensamento único, branco e masculino. São interessantes os estudos de Gilles Deleuze sobre o modo como justamente o homem branco ocidental se apropriou da memória, das normas, das referências e da política, sendo o único a se enraizar e tendo os outros circulando ao seu redor.

Vale lembrar que a etimologia do termo "humanidade" se refere diretamente ao homem, e não à mulher. Toda a classificação taxinômica parte do homem, conforme indica o processo da hominização. Por mais que a mulher tente encarnar um ser humano, ela permanece uma fêmea reprodutora na linguagem que determina a ordem simbólica do mundo. A humanidade é criada em um cadinho e na coexistência com o fenômeno da civilização, que permanece uma extensão extrabiológica do domínio dos homens.

A opressão extrabiológica dos homens é apenas um processo a ser revertido pela subversão. Na realidade, é possível sair dela a qualquer momento. Para tanto, a subversão é a chave. Já é hora de as mulheres reverterem definitivamente esse processo. Caras mulheres, trata-se *realmente* de um processo. *Simplesmente* um processo. O caminho do pensamento e da ação é passar do "realmente" para o "simplesmente". E de não mais deixar que séculos e vidas invisíveis separem essas duas palavras.

Se, para se tornar humano, é necessário tornar-se extrabiológico em determinado momento,* é necessário que as mulheres pensem em habitar o meio virtual e dar provas de criatividade para se posicionarem fora das propostas concebidas por aqueles que levaram a Opaeg. Ter a audácia, a liberdade e a força para nos estabelecermos sem modelo imposto. Voltar à base. Rever os códigos e as regras intrínsecos ao funcionamento da sociedade-cultura. Deixar as margens para tomar posse e se instalar no mundo. Colocar-se no centro. Na pista.

---

* Em outros termos, com o surgimento progressivo das relações sociais e da consciência, o animal humano ultrapassou o ambiente estrito das leis biológicas e criou um espaço virtual: o extrabiológico. Por ser extremamente incerto e aleatório, o processo de humanização sempre aparece um pouco como uma artificialização, uma composição extraterritorial em relação à territorialidade "natural" representada pelo corpo físico e por seu vínculo com o ser vivo. Não há dúvidas quanto à existência do corpo e de seu produto filogenético. Em contrapartida, o processo de humanização parece sempre destinado às controvérsias, pois não constitui um denominador comum entre os povos.

Se somos um "macaco nu"* do ponto de vista biológico, somos também um animal vestido e civilizado do ponto de vista extrabiológico. As roupas, tanto físicas quanto metafóricas, que a sociedade-cultura nos coloca, não servem simplesmente para vestir um corpo nu e orientar nossos costumes. Elas dão o bilhete de entrada para a sociedade humana: o direito de nela viver, evoluir e ser considerado como sujeito de direito e cidadão. Contribuem para o sentimento pessoal de valor intrínseco e de dignidade. Além disso, constituem um verdadeiro recurso de coerção para conter o corpo e o pensamento livre das mulheres em um espaço determinado. Isso explica por que os direitos e as conquistas das mulheres sempre foram reversíveis. Os animais selvagens espreitam, adornados com a pompa da civilização.

Estando sujeitas e submissas ao contrato extrabiológico imposto pelos homens, as mulheres foram definidas em sua identidade a partir do olhar único dos homens. É tempo de mudar essa situação utilizando a subversão.

---

* Ver Desmond Morris, *Le Singe nu*, Paris, Le Livre de Poche, 1971.

As dificuldades persistentes das mulheres para se posicionarem no mundo

Nossa existência como mulheres não tem sua base suficientemente enraizada no campo extrabiológico. Não criamos ainda raízes ou bases que nos favoreçam, com nossas vozes ouvidas e levadas em consideração. Nossa visibilidade não adquiriu a consistência densa de uma afirmação que nada mais tem a provar.

Mulheres ainda e sempre na periferia

Ainda estamos à margem, acenando da sacada. Observando os homens, que se divertem no centro da pólis e escolhem os próximos modelos de sociedade que teremos de assumir. Compondo o mundo.* Nossas imposições para que sejamos educadas, prestativas, amáveis como mulheres da alta sociedade em

---

* Esse é o desafio atual dos debates sobre a inteligência artificial. Quem cria algoritmos e imprime sua visão de mundo?

todas as circunstâncias, prontas a fazer sala... em um mundo demasiado rude... nos sufocam. Nosso gosto por não aparecer nos veste de uma invisibilidade sombria. Torna-nos discretas, às vezes mudas, e nos golpeia com a obsolescência. A docilidade é a força dos fracos. Algo nada atrativo para se aguentar.

Em relação às mulheres, há sempre algo que não convém. Jovem demais... velha demais... muitos filhos, não o suficiente! Muito hétero... muito masculina... muito magra... muito gorda... não usa saia, esconde alguma coisa, é malfeita de corpo... não é casada... é muito independente... não é muito afetuosa... é muito loura... muito sensual... não é sexy o suficiente... muito... pouco... não o suficiente... E daí? Essas são palavras repetidas por aquelas que falam a língua dos homens.*

Sobre a necessidade de fazer *tabula rasa* do sequestro civilizacional

Os homens não nos lançaram um sortilégio. Nem os deuses. Eles foram muito hábeis em manipular um processo tão logo tiveram a ocasião e continuam a fazê-lo sempre que têm oportunidade. Por efeito cumulativo, persistem nessa posição. De acordo com a teoria de Gould, "a ocupação de uma posição"** é um princípio dominante que podemos observar

---

* Há mulheres conscientemente sexistas e misóginas ou que incorporaram os códigos da cultura dominante e o reproduzem e exprimem sem perceber. O mesmo acontece com alguns homens que não discriminam de maneira voluntária. Essa é a questão dos vieses cognitivos e da interiorização das regras do jogo majoritárias no ambiente.

** Stephen Jay Gould, *La Foire aux dinosaures: Réflexions sur l'histoire naturelle*, Paris, Seuil, 1993, p. 87.

tanto no nível da evolução biológica quanto no da cultural. Uma vez que a posição é ocupada, a estrutura permanece, pois "a estase é a norma para os sistemas complexos; a mudança, mesmo quando desencadeada, é rápida e episódica". A ocupação da posição extrabiológica pelos homens tornou-se estásica no sentido da teoria de Gould. Ela perdura...

Os homens não param de acrescentar pedras a esse edifício para consolidá-lo. Um colosso de pés de argila. Para destroná-lo, basta invertê-lo. Esse é o movimento da subversão. A opressão é um processo reversível, não um sortilégio.

Se penso que o colosso é eterno, ele o será. Se penso o contrário, minha intenção se propagará ao meu redor e se refletirá em minha postura e nas palavras que pronunciarei. Soprarei outras palavras mágicas no mundo. Conquistarei aliados. Criarei grupos, um coletivo. Os sortilégios não passam de intenções magnéticas, conduzidas pelas palavras. Isso significa que o que dá peso às palavras não é uma manifestação mágica , e sim a intenção. A opressão não é um sortilégio, ainda que possa ser vivida ou percebida como um fenômeno universal do qual não se consegue escapar e frente ao qual as mulheres às vezes se sentem impotentes.

Assumir um lugar no centro, finalmente

Em determinado momento, é necessário colocar-se no centro do mundo e ser vista a partir de seu poder pessoal e de sua força. Não a partir de um olhar que a transforma de maneira totalmente estereotipada, sempre surpreendente e desconcertante para quem o experimenta como se fosse uma estátua, um objeto decorativo ou uma boneca... Ou como uma planta, verde e cheia de clorofila. As mulheres são silenciadas, coisificadas pelo olhar dos homens, pelo extrabiológico sequestrado. Os homens roubaram a civilização das mulheres.

É preciso ter em mente que é o espaço da sociedade-cultura que nos valida de acordo com os critérios por ela definidos. Retomando as palavras de Peter Sloterdijk, assim que emergimos, somos imersas no "parque humano". Somos "mantidas" em "parques temáticos políticos",* que buscam negociar permanentemente com a "estufa de grupo" exercida pela domesticação. Essa é a continuidade de nossa animalidade em um espaço sem nenhum outro valor animal.

Todos nós, mulheres e homens, nascemos nesses estranhos parques que chamamos de sociedade-cultura. Lugares organizados em territórios. Lugares políticos. Pólis, no sentido grego do termo. O "parque" é a essência de nossa condição humana. A dignidade seria permanecermos fiéis a nós mesmos, conforme sugere Peter Sloterdijk. Nossa dignidade e nossa liberdade como mulheres residem na escolha das condições dessa atitude, na concepção fora do território de domesticação. A subversão é o recurso e o método.

Temos de negociar os termos do contrato, do pacto... pois o parque é um pacto. Dar provas de subversão e utilizá-la em nosso cotidiano.

---

* Peter Sloterdijk, *Règles pour le parc humain*, op. cit., p. 45.

Do homem ao Homem:
a maiúscula de uma farsa

A história ocidental é demarcada por fenômenos de oscilação,* referentes ao acesso das mulheres à civilização e ao reconhecimento de suas contribuições. De fato, em um século, temos uma alma. No século seguinte, ela desaparece. Em alguns países, é possível termos o controle de nossos corpos, que ainda têm a possibilidade de nos pertencer. Em outras nações, não podemos abortar nem mesmo em caso de estupro. Somos acusadas de homicídio por um aborto espontâneo. Na França, somos autônomas do ponto de vista jurídico e econômico. Em outros países, valemos menos do que as vacas. E... o simples desejo dos homens

---

* Em seu célebre ensaio *Backlash: The Undeclared War Against American Women,* publicado em 1991 e vencedor do prêmio Pulitzer, a americana Susan Faludi fez uma excelente análise dessa reação adversa – reação ao parque temático forçado da domesticação – que acompanha o avanço das mulheres e de seus direitos. Essa lógica atravessa a história das mulheres.

depositado sobre nós basta para nos tornar impuras. Para nos transformar em uma coisa qualquer. Um perigo. Uma aberração. Nem animal, nem ser humano. Movimentos oscilantes em torno das mulheres. Os conteúdos extrabiológicos das sociedades revelam seu nível de animalidade e humanidade.

A possibilidade de outro lugar

O que ajuda as mulheres atualmente é a tecnologia e a mediação *via* redes, que permitem criar movimentos coletivos e nutrem uma sororidade efetiva e visível em plena luz. Essa sororidade já não é exercida apenas na heterogeneidade da esfera privada e familiar. À vista de todos e midiatizada, ela desenvolve uma forma de força positiva e, por conseguinte, suscita resistência entre os homens, assustados com a ideia de perder suas vantagens, seus poderes e de não conseguirem mais dominar as mulheres no plano extrabiológico, ou seja, impor-lhes sua escolha assimétrica de civilização.

A mulher como moeda de troca

Não estamos na Terra para sermos os animais domesticados de alguém, uma propriedade, um produto de conveniência nem um objeto de troca entre homens, pois isso seria mais civilizador como vínculo e estabeleceria a economia simbólica das sociedades primárias.*

---

* Remeto aqui à obra *Structures* élémentaires *de la parenté*, de Claude Lévi-Strauss.

Sobre essa temática da troca das mulheres como base e estrutura da sociedade e a respeito da possibilidade de pensar o contrário, Claude Lévi-Strauss responde: "Não poderíamos conceber uma estrutura simétrica, de igual simplicidade, mas na qual os sexos seriam invertidos, ou seja, uma estrutura que questiona uma irmã, seu irmão, a mulher deste e a filha nascida de sua união? Sem dúvida, mas essa possibilidade teórica pode logo ser eliminada em uma base experimental: na sociedade humana, são os homens que negociam mulheres, e não o contrário". Trata-se de um fato cultural, e não natural, que colocou a mulher na alteridade de um objeto a ser negociado, e não na de um sujeito autônomo, conduzido por sua própria vontade e poder.

A observação não transforma a cultura em natureza. É incrível ter mulheres, isso consolida as relações sociais. Pode-se negociá-las e garantir assim a reprodução. Entre clãs, tribos, famílias ou países. As mulheres comporiam o vínculo da civilização. O comércio de mulheres consolidou a civilização em seu primado masculino e em sua opressão hegemônica.

Se as mulheres são a garantia "sagrada" da civilização, por que não são elas a construí-la? Porque a diferenciação sexual as marcou com ferro em brasa.

A loucura da interpretação dos homens

A diferenciação sexual se tornou o lugar privilegiado da opressão civilizacional. Os homens a interpretaram em benefício próprio, relegando as mulheres a um subgênero. Entretanto, a diferenciação sexual não tem nenhum valor em si.

Ela é um simples componente biológico da espécie. Na realidade, há somente um gênero: o humano. Apenas ele existe na classificação das espécies (taxonomia). Nossa categoria taxonômica é *Homo sapiens sapiens*. Gênero: *Homo*. Espécie: *sapiens sapiens*.

Portanto, somos totalmente autônomas em relação ao marcador da diferenciação sexual e livres para escolher o conteúdo. Não precisamos de sentinelas para ser, falar, pensar e amar. Já para sermos vigiadas e controladas, sim. Como muitos filósofos que passam todos os limites aceitáveis ao abordarem a questão das mulheres e parecem perder sua grande inteligência, Spinoza ousou escrever que "em nenhum lugar da Terra homens e mulheres chegaram a reinar de comum acordo, mas em toda parte onde há homens e mulheres, elas são governadas e, desse modo, ambos os sexos vivem em harmonia"*. Enquanto as mulheres aceitam a opressão civilizacional dos homens, elas são capazes de criar uma pseudo-harmonia. É preciso viver bem, ainda que deixando de existir.

A exploração da noção de gênero humano pelos homens é um componente essencial do sequestro civilizacional. Estamos diante de um verdadeiro abuso. A noção de gênero humano, portadora de universalidade, foi reduzida a convenções sociais assimétricas que tiveram um impacto muito negativo sobre as mulheres. Essa ficha de leitura é a maior opressão que as mulheres sofreram na História. Os homens a erigiram em metodologia, baseando-se em argumentos. Desse modo, estabeleceram e praticaram o sequestro civilizacional. Os homens

---

* Spinoza, *Traité politique*, p. 114.

decidiram que as convenções sociais que definem o gênero feminino representavam, para as mulheres, a essência de sua humanidade. Uma redução por um preço exorbitante.

O gênero feminino, polo negativo da humanidade

Usando a mesma artimanha, o gênero social feminino perdeu sua conexão com o gênero humano como consciência universal da humanidade. Tornou-se o oposto negativo do gênero masculino.* Foi assim que a "valência diferencial dos sexos"** resultou em uma desvalorização do feminino, descrita pela antropóloga Françoise Héritier. O gênero feminino tornou-se o marcador, de forma negativa, do gênero humano. Ele é a versão noturna e irracional do luminoso gênero masculino. É o canto desesperado da Rainha da noite perante as extravagâncias do Rei sol.

Consequências: o gênero masculino é "sobrenatureza", e o feminino, "subnatureza". O gênero masculino está associado à universalidade do gênero humano, a formas de transcendência e aspirações heroicas. Uma sublimação da vida biológica mais próxima do Olimpo do que de uma caverna escura. A mulher continua sendo uma fêmea, enquanto o homem se aproxima dos deuses. Às mulheres, os tormentos incontroláveis dos corpos vulneráveis.

---

* Se os homens também sofrem o peso das convenções e das obrigações ligadas ao conteúdo de seu gênero social, essas determinações não são absolutamente análogas às atribuídas de maneira multissecular ao gênero feminino.

** Françoise Héritier, *Masculin, Féminin. La pensée de la différence*, Paris, Odile Jacob, 1996.

O Humano se fez homem: o relato de uma farsa

O gênero masculino se outorgou um tratamento de sobrevalorização. O homem com "h" minúsculo representa a norma invisível, universal e tácita. Os homens teceram o pano de fundo que precede todas as coisas. Um cenário que se tornou a possibilidade do mundo.

Com essa lógica, o homem se impôs como principal interlocutor do gênero humano. Ele pode expressar-se e dizer tudo. O homem observa o mundo a partir da neutralidade de sua pseudouniversalidade, enquanto as mulheres são observadas e vistas a partir de sua singularidade biológica. "O homem é uma construção cultural que nasce do controle do feminino."* Possui os recursos essenciais, pois se apropriou da visibilidade de todas as referências, do poder da transmissão e da educação, bem como da mídia. Compôs o fundo musical de nossas sociedades. Tão logo começa a falar, sua voz não tem a mesma consistência e ressonância. As mulheres sabem o quanto é difícil serem ouvidas ao redor das mesas de reunião do mundo. A começar pela própria casa, em seu círculo familiar.

Os homens se apropriaram do "eu". Em seguida, no pertencimento confortável do gênero, foi mais fácil decidir as regras do jogo – políticas, culturais, econômicas, jurídicas, simbólicas e de culto.

O homem erigiu-se em Homem. Tornou-se o sujeito exclusivo do gênero humano. "Toda teoria do sujeito foi apropriada

---

* Mark Wigley, "Untilted: The Housing of Gender", p. 376, *in* Martine Delvaux, *Le Boys Club*, 5. ed., Montréal, Les Éditions du Remue-Ménage, 2020, p. 86.

pelo masculino",* afirmou Luce Irigaray. Ao se outorgar o direito à exclusividade do sujeito, o homem se apropriou do amplo domínio das sociedades-culturas. Os parques temáticos se tornaram seu pátio escolar. "O homem padrão é o sujeito no qual pensamos espontaneamente e que para nós representa o mundo inteiro [...] O homem padrão, como o navegador que se abre automaticamente quando ligamos o computador, é o rosto que aparece de imediato, uma categoria de humanos que compreende todas as outras."**

Martine Delvaux destaca a importância de "recusar a aparente neutralidade masculina"*** – a invisibilidade prejudicial e falsa dos homens, que lhes permite escapar à marca da singularidade reservada aos outros e envolver-se no mito que criaram: o de sua universalidade protetora.

Ao se tornarem a referência extrabiológica exclusiva, os homens compuseram e impuseram a assimetria entre os gêneros: o homem sobrenatural, de um lado, e a mulher exclusivamente natural, de outro. O homem mais próximo dos deuses e do céu. A mulher mais próxima do animal e da terra. Ele, que observa; ela, que é vista.

O macho gera o macho: uma partenogênese em três movimentos

O macho reproduz extrabiologicamente o macho. Élisabeth Badinter ressaltava justamente esse fenômeno de partenogênese.

---

* Luce Irigaray, *Speculum. De l'autre Femme*, Paris, Minuit, 1974, p. 165.
** Martine Delvaux, *op. cit.*, p. 118.
*** *Ibid.*

Retomando as palavras de Aristóteles, ela escreve que é o macho a gerar o macho: "É o homem que gera o homem".* E, a respeito de Aristóteles, ela acrescenta: "Ele indicava que é o homem, o macho, que transmite à criança o princípio da humanidade. Atualmente, podemos estender esse conceito à função do gênero masculino".**

Estamos lidando com um fenômeno de autorreprodução. Se o macho é gerado biologicamente pela fêmea ele, por sua vez, gera extrabiologicamente machos. Esse sonho de partenogênese masculina é o indício da apropriação exclusiva pelo masculino dos conteúdos da sociedade-cultura, por meio dos quais ele mantém sua hegemonia. Ele só autoriza a

---

* Aristóteles, *Metafísica*, Z, 7, 1032 a, 25, *in* Élisabeth Badinter, XY *de l'identité masculine*, p. 107.

** *Ibid.* Se observarmos mais de perto o sujeito da fabricação biológica de uma menina ou de um menino, o estudo do desenvolvimento embrionário exibe a existência de um ser sexualmente neutro, embora provido de órgãos urogenitais até a idade de 12 semanas. O embrião evolui para o sexo masculino por "degenerescência" de alguns órgãos e diferenciação de outros. Por volta de 12 semanas, o papel do cromossomo Y ganha amplitude, pois estimula a síntese de hormônios masculinizantes. Portanto, a ausência do cromossomo Y conduz à ausência de hormônios masculinizantes e à obtenção de um organismo feminino. Naturalmente, todos os embriões são potencialmente femininos. Apenas um grupo de células sensíveis ao gene Y (algumas células do tecido da medula da gônada indiferenciada) conduzirá eventualmente a um indivíduo do sexo masculino. De acordo com o que foi observado, seja qual for o sexo genético, um indivíduo precocemente castrado (antes de três meses) adquire uma forma e aptidões femininas. Portanto, é interessante constatar que a mulher não pode mais constituir-se como uma mulher freudiana, ou seja, castrada.

produção de conteúdos civilizadores por uma fertilização masculina em uma terra masculina.

Três movimentos emergem dessa dinâmica. Em primeiro lugar, a vontade de ser os únicos a ter uma percepção correta do real. Os homens nos explicam o mundo. Paternalismo e misoginia intelectual são de praxe. Habituados a ler o mundo para nós, acabam incutindo quem somos e como devemos agir. São excelentes nessa arte. Conhecem nossa posição. Foram eles a forjá-la.

Em segundo lugar, uma autoafirmação que passa pela máxima difusão do primado da identidade masculina. Todos os espaços são bons para serem tomados. Os homens possuem o mundo pela exclusividade dos suportes disponíveis no espaço da sociedade-cultura (política, jurisprudência, ciências, culturas e cultos).

Em terceiro lugar, a autorrepresentação erigida em conceito. O homem se apropriou de todas as correspondências entre sua personalidade e a definição do ser humano. O gênero masculino se identifica como gênero humano.

Por conseguinte, o homem tem como objeto o conceito de humanidade, que ele delimitou e compartimentou em benefício próprio. Ele é a realização suprema da existência humana.

É tão significativo que, para os psicanalistas, seu órgão biológico reprodutor representa o supremo significante.*

---

* O falo representa o significante. Em seus *Escritos*, Lacan nota que "o falo é um significante [...]. É o significante destinado a designar em seu conjunto os efeitos de significado, enquanto o significante os condiciona por sua presença de significante" (Écrits, Seuil, Paris, 1966, p. 690). Quem tem o significante está na linguagem. Como as mulheres

Nessa mecânica, a mulher tem apenas seu corpo como objeto, tomado pelo rótulo da reprodução e da sexualidade. Na ecologia que lhe é proposta, a mulher tem por objetivo seu próprio corpo, com um empobrecimento de sua identidade extrabiológica. Casa, filhos, trabalho menos remunerado, deveres conjugais, pressões estéticas. Invisibilidade alegre. A questão sempre persiste: o que resta ainda hoje às mulheres além do próprio corpo?

Simone de Beauvoir ressaltava: "Os homens pretendem ser identificados por suas práticas e pretendem que as mulheres o sejam por seu corpo".* E mesmo quando as mulheres tentaram reivindicar, ao longo da História, sua parte de extrabiológico e a valorização de sua contribuição,

---

não o têm, sempre podem correr atrás da linguagem. Dizem até que a mulher não existe. Por isso são condenadas a tagarelar... Até o momento, a ninguém ocorreu dizer que o famoso significante poderia ser representado pelo clitóris, pelo útero ou pelos ovários. Que os homens, por não os ter, não podem estar na linguagem. Ao mesmo tempo, independentemente de suas inspirações, Lacan era apenas um homem. Sejamos francos.

* Simone de Beauvoir. *Le Deuxième Sexe*, tomo II, Paris, Gallimard, 1986, p. 71. A assimetria genérica dos dois sexos consiste em associar a identidade da mulher a seu sexo: "O sexo é a mulher, mas ela não possui um sexo: um sexo não se possui por si mesmo. Os homens não são sexo, mas possuem um". O gênero masculino inclui a transcendência do corpo em uma espécie de perspectiva divinizante de si mesmo. Como resultado dessa ideologia, os homens se mostram "mais qualificados para fundar a sociedade" do que as mulheres, que, por meio de seu gênero especificado e específico, colocam-se do lado de um "distanciamento imaginário", que só pode ser racionalizado por um processo de civilização qualquer.

independentemente da época, foram tachadas de imitadoras*. De imitadoras a impostoras, temos sempre uma bela síndrome que ainda assombra a psique das mulheres no século XXI.

---

* Em sua obra *Les expériences de Tirésias: Le féminin et l'homme grec*, Paris, Gallimard, 1990, p. 280, Nicole Loraux toma o exemplo de uma cidade defendida por mulheres gregas. Apesar de suas ações e da parte ativa na defesa "de uma pólis em *oligandria* [escassez de homens]", elas não obtiveram o estatuto de cidadãs. Seja como for, "elas só imitaram os bons cidadãos". As mulheres gregas usurparam a *andreia* [bravura]. Agiram como *andres* [homens]. Subverteram a supremacia do gênero masculino.

Sobre o uso das esferas não celestes: a invenção grega de uma democracia androcêntrica

Uma das formas mais persistentes de opressão sofrida pelas mulheres provém das sequelas deixadas pela divisão entre as esferas pública e privada, na origem da invenção da democracia ocidental. Essa cisão realizada pelos gregos explica por que ainda hoje as mulheres hesitam em se expor e se colocar em evidência. Temem as críticas e a condescendência. Os olhares aguçados que avaliam tanto a forma de seu corpo quanto a de seu intelecto. Avançar no espaço público exige um esforço para sentir-se à vontade em uma atmosfera que não criamos.

Atenas ou a farsa democrática

A democracia ateniense – literalmente, um governo pelo povo e para o povo – surgiu em 508-507 a.C. O povo dos eleitos era constituído por cidadãos*, e não por cidadãs. Os gregos separaram a esfera privada da esfera pública de maneira assimétrica. Atribuíram a liberdade e o reconhecimento do valor individual apenas ao espaço da esfera pública. Participar da esfera política dava um verdadeiro sentido à vida. Pertencer a essa esfera garantia ao indivíduo um lugar no mundo e o validava. Uma poderosa fórmula.

Ser cidadão permitia ao indivíduo entrar na visibilidade de um "mundo comum", tal como foi muito bem descrito por Hannah Arendt. Os indivíduos livres e cidadãos tinham o poder de se afastar da esfera privada, que compreendia as tarefas domésticas (logística, alimentação, obrigações de todo tipo) e o cuidado com o corpo e a vida (o sangue, a doença, os filhos e as pessoas idosas). Os cuidadores se encontram bem próximos dessa realidade. A esfera política era muito mais valorizável e valorizadora do que a esfera privada.

O cidadão escapava das limitações da natureza, que permaneciam no âmbito exclusivo das mulheres e dos escravos, situados no interior das casas, na invisibilidade bruta dos que só podem ser corpos.

As mulheres relegadas à esfera privada

As mulheres foram relegadas à esfera privada com o mero pretexto de que davam à luz. Sua natureza, decidida pelos

---

* Tratava-se de homens livres, ou seja, não escravos, filhos de pais atenienses. Somente eles tinham o privilégio de dispor de um assento na assembleia do povo. O lema da pólis de Atenas exaltava a igualdade perante a lei, a liberdade para se expressar politicamente e a inclusão do povo nos assuntos públicos.

homens, mantinha-as no papel de "cuidadoras". Cuidar dos homens, dos filhos, das pessoas idosas, dos doentes (mas sem os atributos e as honras do médico). Cuidar da casa. Limpar os rejeitos biológicos e domésticos. Cuidar da matéria viva. Tudo isso sem nenhuma retribuição. Como sempre é Deméter*, presa nos Infernos por seus ovários, excluída da sociedade-cultura por ter sido destinada às tarefas domésticas, à manutenção da vida, isso porque a vida biológica se opõe à esfera política. Ela não participa da política.

O fato de poder influenciar e impactar o desenvolvimento de nossas produções nos faz entrar no círculo da humanidade e nos permite participar da construção da sociedade-cultura. Ainda hoje, os homens são os guardiões-cidadãos majoritários do mundo comum, do qual tiram os principais benefícios, enquanto as mulheres permanecem na periferia.

---

* Quando Hades, deus dos Infernos, sequestrou Perséfone para torná-la sua esposa, sua mãe, Deméter, foi em busca dela, abandonando as colheitas da terra. Assumindo o aspecto de uma velha chamada Doso, ela vagou por nove dias e nove noites no reino dos mortos para encontrar sua filha e trazê-la de volta ao mundo dos vivos. Como Deméter não conseguiu obter a libertação total de sua filha, Perséfone passava seis meses no mundo subterrâneo e o restante do tempo na superfície, o que prenunciava o ciclo das estações.

Como Deméter, as mulheres são mantidas nos Infernos, pois são sistematicamente trazidas de volta à sua biologia e impedidas de sair do mundo subterrâneo por causa de sua condição biológica de mulher. Como a deusa da terra, não são completamente livres para evoluir na superfície.

A subversão de Eva e suas consequências

Quanto mais os homens, ao longo dos séculos, utilizaram todos os suportes, estruturas políticas, mídia e lugares disponíveis para enraizar seu primado extrabiológico como uma condição natural, mais a lógica de repetição se tornou uma lógica de impregnação. Tanto é verdade que acabamos por acreditar nisso, seja qual for nosso gênero ou idade. É a cultura, dizem-nos as vozes cheias de sabedoria. Sempre foi assim... O "sempre" é o ruído de fundo.

Os homens realizaram um sequestro civilizacional. Eles se apoderaram de nossa condição humana extrabiológica para dela tirar proveito por meio (*via*) do processo de opressão que estabeleceram e alimentaram de modo contínuo ao longo dos séculos. A democracia grega é um exemplo perfeito disso e que ainda persiste.

Não obstante, as mulheres sempre causaram problemas a esse mecanismo, um dispositivo poderoso, que funciona muito bem e produziu suas próprias leis e movimentos para manter sua hegemonia. Uma roda com dupla engrenagem que funciona e, ao mesmo tempo, esmaga alguém: tanto as mulheres, como também os homens* não adeptos das figuras impostas.

Eva, ou a subversão se fez mulher

No relato do Gênesis, Adão e Eva representam o mito do primeiro homem e da primeira mulher. Depois que a serpente tentou convencer Eva a provar do fruto proibido da árvore do conhecimento, ela foi condenada a dar à luz com dor e a sentir desejo por um homem que a dominaria (Gênesis III, 16). Adão foi condenado a trabalhar e a ganhar seu pão com o suor de seu rosto em meio a constantes dificuldades.

Eva foi a primeira mulher a ser subversiva, a quebrar os códigos. Subversiva perante Deus. Um deus com afinidades masculinas... Eva, subversiva perante os homens. Todas sabemos o que isso custou às mulheres mais tarde em termos de representação simbólica. Basta que uma mulher pense ou respire profundamente para dar a impressão de que está colocando o mundo em perdição. Ela jamais poderia sonhar em

---

* Com a modernidade, as palavras dos homens também puderam se libertar – e não apenas as chamadas minorias, como os homossexuais – para romper os estereótipos que produzem estagnação e reduzem as aspirações da inteligência humana. Os homens podem reconhecer abertamente que não aprovam o processo de subversão sofrido pelas mulheres. Felizmente existem homens sensatos e humanistas, que não se deixaram cegar pelas vantagens ligadas à ocupação de uma posição extrabiológica dominante sobre os outros.

voltar para o Jardim do Éden. Em vez disso, indicam-lhe a direção do parque e lhe dizem como deve comer, vestir-se, educar, amar...

Consideradas do ponto de vista do processo de opressão realizado pelos homens, as mulheres não são sensatas. Elas quebram as regras. A réplica está sempre presente. Desde a menina que percebe sua futura condição de mulher até a diretora de empresa de salto "Louboutin" em um comitê executivo; desde a jovem que acabou de dar à luz até a mulher de meia-idade; desde a mãe de família que tem medo de não chegar a tempo para pegar os filhos na escola até a mulher sem filhos, que todos observam discretamente – todas se sentem vulneráveis ao deixar transparecer os eflúvios do que é o Feminino – definido e esperado pelos homens. E, se nada acontece, a suspeita aflora: elas não são "mulheres de verdade".

A temível redução

Essa é a razão pela qual é extremamente difícil saber quem somos como mulheres. Ninguém nasce mulher, mas se torna mulher, segundo as célebres palavras da filósofa Simone de Beauvoir. Nascemos mulheres no sentido biológico. Tornamo-nos mulheres no sentido extrabiológico pelo viés da educação e das influências multimodais que nos cercam e nos confinam. Mídia, educação, família, cultura organizacional do trabalho, círculos sociais e de amigos, fluxos conectados com o mundo veiculam a imagem da Mulher, linhas de injunções estéticas e identitárias, às quais deve se conformar.

Se as mulheres expusessem pelo menos metade dos horrores que há séculos os homens escrevem a respeito delas, passariam por loucas. Bruxas em cavernas. Desequilibradas rancorosas e frustradas. Isso se voltaria contra elas e justificaria a necessidade imperiosa de uma intervenção masculina para controlá-las e civilizá-las, levá-las novamente ao parque para que relessem o contrato extrabiológico que lhes foi destinado, até que o soubessem de cor. Assim, ele ocuparia o lugar do coração delas, e tudo voltaria à ordem.

Mesmo quando os homens se excedem, eles ainda são curiosamente considerados como civilizados. O que a eles é permitido não é admitido entre as mulheres. Aceita-se que a misoginia seja apenas uma das consequências do brilho da inteligência dos homens. Um custo semelhante a um dano colateral, a exemplo das brincadeiras sexistas e das indelicadezas desnecessárias, das quais as mulheres aprendem a rir publicamente para não se sentirem excluídas nem estigmatizadas, mesmo que em seu íntimo estejam cerrando os punhos por conta da violência sofrida.

Se Shakespeare tivesse sido uma mulher, escreveu Virginia Woolf, teria sido preso, pois seu talento não é compatível com o que se espera do gênero feminino. Não se espera que as mulheres brilhem e tragam sangue novo. Não se espera delas revelações, descobertas nem uma inspiração. Prefere-se que sejam musas, como destinatárias de todos os encantos masculinos. Para inspirar os homens, dar a eles um pano de fundo, seja qual for a cor. Pigmalião* não poderia ter sido

---

* Na mitologia grega, a história de Pigmalião e Galatea refere-se a uma lenda que conta a história do escultor Pigmalião que se apaixona por

Galateia. As mulheres são limitadas a se tornarem musas a serviço dos criadores masculinos. São destinatárias, mídias, meios, para que toda a genialidade masculina possa se expressar. Os homens moldam e definem as mulheres, sobretudo com sua arte. É a unilateralidade totalmente desequilibrada dessa realidade que sempre dá vantagem aos homens. Se a mulher expressa uma ideia sobre um homem e partilha sua percepção criadora, ela o faz, marcada pelo "a", o feminino. A partir de um olhar singular. O olhar de um homem personifica o olhar dos Homens. Ela permanece uma Galateia em potencial, enquanto o homem se expressa a partir de sua pseudouniversalidade. Ele não é marcado por seu gênero. Permanece universal, livre para ser Pigmalião.

---

sua criação, Galatea, uma estátua que ele moldou ao seu desejo e deu vida graças a Afrodite, a deusa do amor. Esta lenda é contada principalmente por Ovídio em *Metamorfoses*.

Trata-se aqui de indicar que a lenda jamais poderia ter invertido os papéis e que, desde sempre, as mulheres só podem ser moldadas, transformadas, emolduradas pelos homens, e não o contrário, pois a mulher sempre é vista e trazida de volta à sua biologia material e a seu lugar na esfera privada do lar. Só o homem molda a mulher como deseja. Só o homem decide como o feminino deve ser. O inverso não pode sequer ser pensado. Para que uma mulher seja Pigmalião, ela teria de atingir o *status* de indivíduo livre e ser capaz de expressar toda a sua genialidade criativa e seus próprios desejos.

Libertar-se e participar do mundo

Pouquíssimas mulheres estão presentes na governança dos países, nos locais de influência política, cultural, religiosa e econômica. Tão logo as mulheres questionam as regras do parque temático, definidas pelos homens, e seus princípios de governança, são estigmatizadas a título individual. Ao insuflar desordem na ordem masculina, quebram um tabu. Ao ser identificadas como vetores do caos, como permanecer civilizadas?

O nascimento da sororidade

Trilhar os caminhos secretos da subversão. Ser audaciosa quando menos esperam... Sempre estamos sozinhas quando quebramos os códigos. Derrubar o muro da opressão inicial sendo subversivas nos isola. Isso é fato, e este livro lhe ajudará a superar esse momento inevitável. Enquanto as mulheres se sentirem sozinhas, culparão a si próprias e não serão bondosas consigo mesmas.

Vale lembrar que entramos em casas das quais não fomos as arquitetas. Levamos tempo para compreender a planta, identificar as paredes de sustentação, a fachada, a decoração e os arranjos possíveis nas situações em que se dissimula a verdadeira potência.

Eis por que as mulheres, nas redes que criam ou às quais se associam, aprendem a formar uma comunidade. Aprendem a se considerar reciprocamente como parceiras, a desenvolver a sororidade além da esfera privada, familiar ou social. Percebem coletivamente a extensão e os desafios do processo de opressão sofrida. Compartilham ideias, situações e soluções para serem criativas e inverterem o processo negativo de que foram objeto.

As mulheres têm essa oportunidade de poder encerrar relações assimétricas e desiguais de gênero em uma sociedade em fim de ciclo, na qual a consciência coletiva e universal dos predicados dominantes tornou-as obsoletas. O fenômeno mundial #MeToo é um exemplo perfeito disso. A revolta não se cala mais. A solidão se transforma na libertação de uma estigmatização individual e coletiva. A comunidade das mulheres pode integrar-se em uma comunidade humana e universal. E dirigi-la.

O feminismo é um humanismo

O feminismo é a outra face do humanismo. O Feminino é um humanismo. Ele sempre esteve presente, demarcando a

História. É a denúncia dos abusos extrabiológicos dos homens e dos reiterados obstáculos ao acesso à civilização. Acreditar que essa situação contextual, ligada ao controle de um processo contínuo é eterna, significa inscrever a opressão masculina nas tábuas da eternidade. Deixar que as mulheres mergulhem na vitimologia. Um falso boato sobre seu gênero.

Também significa proibir aos homens toda possibilidade de evolução.* Estigmatizar o homem na posição de eterna dominação tem por corolário a imagem da mulher presa ao papel da eterna vítima. "Seriam os homens a única parte da humanidade incapaz de evoluir? Seria a entidade masculina imutável?", questiona Élisabeth Badinter. Nesse sentido, a noção de dominação masculina acabaria por se manifestar como um "conceito obstáculo", que nos impediria de tratar a verdadeira complexidade das relações humanas e, desse modo, alimentaria certa ciclização aporética das relações intergêneros. Talvez em razão de uma hipótese antropológica, Élisabeth Badinter formula a seguinte ideia ao final de uma análise dos estudos de Françoise Héritier: "[...] e sempre pensamos a diferença em termos de desigualdade. Isso poderia significar que é mais difícil desvencilhar-se dessa categoria mental do que da supremacia masculina".**

Portanto, é preciso forçar os homens a evoluir, obrigá-los a sair de seu domínio de influência, deixando seus pré-requisitos que são seus privilégios. Usar a astúcia e construir todos os cavalos de Troia disponíveis em nosso coração e fôlego.

---

* Élisabeth Badinter, *Fausse Route*, Paris, Odile Jacob, 2017, p. 68.
** *Ibid.*, p. 57.

Cavalos de papel, de cristal, de arte, de carne, de música, de escrita, de defesas democráticas, de vitalidade, de genialidade, de revolta, de suor, de silêncio, de sofrimento, de invisibilidade...

A força cinestésica do *habitus* – no sentido da maneira de ser – conduziu os homens para uma forma de inércia em relação a nós. Sendo subversivas, as mulheres convidam os homens a mudar de *habitus*.

Exit* o sequestro civilizacional...

A denúncia do processo de opressão e do sequestro civilizacional foi considerada um problema de psicologia individual, e não a recusa de um processo, cujo verdadeiro desafio fosse uma sociedade forjada unicamente em benefício dos homens. É dela que viemos. Compreender sua origem e seu mecanismo é o ponto de partida para a transformação e os primeiros passos rumo à subversão.

Em síntese, fez-se a especificidade do animal humano, que se tornou "humano" por meio de toda a criatividade e inventividade trazida pela esfera extrabiológica. Houve o sequestro civilizacional pelos homens, que nos fizeram acreditar que a domesticação é a civilização. Houve o preenchimento de todos os meios virtuais disponíveis pelos homens sempre

---

* Na linguagem de teatro *exit*, palavra que vem do latim "exire" (sair, saída), designava, em particular, a saída de um personagem do palco, algo como "sair de cena".

que tiveram a oportunidade de ocupá-los e perdurar. A apropriação do político, do cultural e de todos os espaços disponíveis. A invenção androcêntrica da democracia, que leva a um contrato social e político falho. Houve escolhas injustificáveis sobre o que deveríamos ser como mulheres e homens.*

Exercer sua força subversiva derrubará a opressão inicial. Sair da domesticação para entrar na civilização. Escolher as conversas. Sentar-se no centro, à mesa do mundo, guardando dentro de si o segredo de sua essência inalterável: ter vindo ao mundo pelo ventre das mulheres, e não pela palavra dos homens. A subversão é a arma suprema.

---

* Mesmo para os homens, a constatação da construção sociocultural extrabiológica da superioridade de seu gênero pode surpreendê-los e tem consequências importantes em termos de psicologia individual e de comportamento social. Em seu excelente livro *Le Boys Club*, Martine Delvaux cita as palavras de John Stuart Mill, um homem esclarecido que, em 1867, denunciava a desigualdade nefasta entre as mulheres e os homens:"Imaginem o que deve pensar um menino que passa para a idade adulta acreditando que, sem nenhum mérito, sem ter feito nada sozinho (ainda que seja o mais frívolo e estúpido dos homens), é superior em direitos à metade da humanidade e sem exceção, pelo simples fato de ter nascido do sexo masculino. [...] essas pessoas não sabem o quanto, em um menino educado de maneira diferente, a consciência de sua superioridade pessoal em relação a uma menina que logo nasce, desenvolve-se e consolida-se à medida que ele próprio cresce e se fortalece. Elas ignoram como um estudante pode transmitir isso a outro. Um jovem logo aprende a se sentir superior à sua mãe; acredita dever-lhe apenas consideração, mas nenhum respeito real. Experimenta um sublime sentimento de superioridade, especialmente em relação à mulher a quem confere a honra de compartilhar sua existência. Não se percebe que tudo isso corrompe o homem por completo, ao mesmo tempo como indivíduo e como membro da sociedade?", *op. cit.*, p. 27.

Entrar com tudo pela porta da civilização graças à subversão

Existe outro caminho possível. Mudar o olhar sobre si mesma, sobre seu lugar e sobre os outros.

O sequestro civilizacional nomeou o mundo, criou mitos, contos, canções, obras, conteúdo em massa, necessidades, imagens, regras e expectativas. Influenciou nossas emoções e modelou nossas imagens do mundo. "O importante não é a realidade da vida, mas aquilo em que as pessoas acreditam."* O processo de opressão tem sua narrativa e seus poderes de sugestão, suas receitas. Para desconstruí-lo, o instrumento supremo é a subversão.

A subversão é um fenômeno antigo que faz parte das técnicas de guerra. As contestações políticas utilizam métodos de subversão para derrubar uma ordem estabelecida. Elas se servem, por exemplo, da desmoralização e do sentimento de isolamento. Essa mesma solidão que pôs em dificuldade o surgimento das formas de sororidade além do espaço privado e familiar. Existe influência no fato de sermos numerosas. Sem essa consciência efetiva do poder do coletivo,

---

* Roger Mucchielli, *La Subversion*, Paris, C.L.C., 1976, p. 45. Ele explica: "Por fim, é preciso constatar que as motivações que mobilizam as mentes e os corações nada têm a ver com a realidade objetiva; são os mitos que fazem com que os homens se levantem e caminhem, se exponham, se matem ou, ao contrário, parem e se escondam. Os mitos são imagens-forças, imaginários coletivos, capazes de fascinar as consciências de um grupo, de uma massa, pois neles elas encontram satisfações e valorizações. Encontrar as palavras que sustentam é mais importante do que analisar os dados objetivos".

às vezes as mulheres tiveram dificuldade para duplicar, na esfera profissional, toda a solidariedade que puderam criar na esfera familiar e social.

Dividir para reinar melhor. Fazer com que as pessoas que se sentem sozinhas não tenham mais recursos internos suficientes para virar a mesa. Como bem lembra Roger Mucchieli, esses métodos de subversão são utilizados para desestabilizar grupos políticos: "Inicialmente, a desmoralização, ou seja, a dissolução da coragem, a queda do tônus mental, dado pela fé nos valores do grupo nacional e pela confiança em seu futuro".* O interessante aqui é perceber que o processo masculino de opressão utilizou essas técnicas de dissuasão em relação às mulheres e continua a fazê-lo sempre que possível.

Desmoralizar um adversário, um oponente, implica "a destruição dos valores pelos quais o inimigo combate [...] a intoxicação em relação ao próprio valor de cada combatente inimigo, a introdução de uma dúvida sobre si mesmo, acompanhada da dúvida sobre aquilo em que se acreditava [...] a culpabilização".**

---

* *Op. cit.*, p. 70. Entre elas está a técnica do panfleto. Ao retraçar a história moderna da subversão política, Roger Mucchielli cita Paul-Louis Courrier, que em 1824 aconselhava as pessoas a se apropriarem do panfleto em sua vida cotidiana. O panfleto é um meio de ser subversivo que aumenta e utiliza a hipérbole: a amplificação e o exagero. Em 43 a.C., Cícero já havia empregado a técnica do panfleto em seus discursos *As Filípicas*. O objetivo do panfleto é uma conscientização do real por meio da caricatura, da sátira, da ironia, do dito espirituoso e do humor.

** *Ibid.*

Resultado almejado: perda de confiança e de referências, desintegração pretendida do grupo ao qual se pertence. "O homem que se sente culpado perde, ao mesmo tempo, sua eficácia e o sentido da luta."* É preciso demonstrar ao inimigo real ou suposto a extensão de sua solidão. Incutir um sentimento de reprovação da opinião pública. Não hesitar em mostrar sua falta de lógica. Apresentá-la como derrisória e acrescentar um "sentimento de eternização da luta".

A autoconfiança, pedra angular na subversão

Se penso que a luta é eterna e vai perdurar, se não tenho autoconfiança nem recursos suficientes e se não me sinto apoiada pela opinião pública, mesmo pertencendo a um grupo forte que possa replicar, acabo desistindo. E isso seja qual for a natureza de minha causa, convencida da "impressão de inutilidade da luta". Cedo ao desgaste, ao blefe, à intimidação e me convenço de minha própria impotência.

Trata-se de privar o outro de sua energia moral e vital. "Quando aplicada aos adversários por meio das técnicas sutis, a subversão busca desmoralizá-los. Também tenta dissociá-los e desintegrá-los. Desse modo, é uma arte da discórdia."** É o que se queria demonstrar. Não há mais nada a dizer.

O processo de opressão tentou desmoralizar as mulheres e dissociá-las em suas identidades para melhor situá-las

---

* *Ibid.*, p. 71.
** *Ibid.*

e mantê-las nos parques temáticos, de acordo com as normas masculinas. O auge da opressão é alcançado quando elas mesmas se mantêm submetidas e ali ficam voluntariamente,* sem que seja preciso pedir-lhes.

A arte da discórdia, como força política e modo de guerra, foi utilizada com as mulheres para desencorajá-las de afirmar seu próprio valor, para nelas incutir a dúvida sobre sua essência e seu poder, sobre sua capacidade de agir por si mesmas, e não mais estar a serviço de alguém. Fazer com que se sentissem culpadas tão logo saíssem da esfera que lhes havia sido destinada e fossem extirpadas do contrato extrabiológico que o gênero feminino estabelece socialmente. Isolá-las, dar-lhes a impressão de um extremo abatimento, de que tudo o que lhes diz respeito é reversível. Ilusão e encantamento.**

---

* No século XVI, em seu célebre *Discurso sobre a servidão voluntária*, Étienne de La Boétie analisou a submissão dos povos perante os tiranos. A submissão é aprendida e resulta de um processo. Os estudos sobre a psicologia das multidões atestam esse fato. A submissão não é natural, inata, externa ao emprego da força física. No século XXI, a filósofa Manon Garcia escreveu, a respeito das mulheres, que elas não nascem, mas se tornam submissas. Síndrome de Estocolmo, fenômenos de dominação, dialética senhor-escrava, masoquismo feminino, nostalgia do significante, histeria, serotonina deficiente, hormônios, maternidade debilitante, cérebro pequeno demais etc. A literatura conta com uma grande quantidade de argumentos que justificariam preconceitos e discriminações, mas não com a origem no metanível: o sequestro civilizacional.

** As feministas – ou seja, as humanistas do sexo feminino que preconizam uma humanidade inclusiva e querem legitimamente tomar parte no progresso extrabiológico do mundo e na construção da sociedade-cultura – sempre existiram e são contíguas à História. Há duas frases essenciais de Simone de Beauvoir para se guardar no pensamento: "Nada é adquirido de maneira definitiva. Basta uma crise política, econômica

O medo dos homens: a falha

Esses procedimentos são métodos para mantê-las em seu lugar. O mito do eterno retorno da perda regular de seus direitos e liberdade de ser ainda é uma forma de pressão para que as mulheres se desencorajem e desistam da luta. Isso ocorre mesmo quando se constata que, no mundo todo, esses métodos são frágeis em seu arcabouço jurídico. Tão logo uma oportunidade se apresenta, são novamente questionados. O aborto é o exemplo mais significativo. Com o pretexto de saberem mais do que nós o que é bom para nós e no desejo de controlar as mulheres, os homens ainda decidem a respeito de nosso direito a possuir nossos corpos e nossas vidas.

Fragilidade não significa eternidade. Deixar que a raposa da discórdia, esse animal sutil e astuto, esgueire-se em outra floresta. Compreender que o baile de máscaras masculino não passa de uma diversão que esconde as máscaras dos personagens. Esse disfarce cria uma nuvem cognitiva. Um adormecimento. Por trás das intenções dissimuladas, o poder.

As mulheres foram submetidas a técnicas de manipulação que são técnicas de guerra. Diante desses processos, elas tomam o caminho da subversão interna. A via da libertação. Um itinerário rumo ao empoderamento. Uma reapropriação de seu próprio contrato extrabiológico com a sociedade-cultura.

---

ou religiosa para que os direitos das mulheres sejam questionados. Vocês devem permanecer vigilantes por toda a vida". E: "Ninguém é mais arrogante, agressivo ou desdenhoso com as mulheres do que um homem preocupado com a própria virilidade". Dominar e esmagar as mulheres não torna homens os homens, mas sim covardes e fracos aquém do humano.

Subversão: o ato definitivo de libertação

"Mergulhar em si mesma é descobrir a subversão."* Reapropriar-se de seu poder individual. Estou em meu poder a partir do momento em que me autorizo a estar nele. Decido meu destino depositando no mundo uma intenção: a minha. A subversão é uma conscientização da nossa identidade pessoal e dos efeitos do nosso posicionamento no mundo. Ela oferece um espaço extraordinário, no qual nos descobrimos de maneira diferente da que os outros falam sobre nós.

As mulheres não tiveram acesso à negociação do contrato extrabiológico. Quando querem negociá-lo, têm sua solicitação indeferida. A humanidade não é mais um clube exclusivo, reservado apenas aos homens; não mais do que a sociedade-cultura. A subversão é a arma fatal: a chave de ouro que estilhaça os mecanismos de opressão. Ser subversiva. Já não ter de passar pela casa "masculino" nesse tabuleiro. Eles deixaram de ser a passagem obrigatória, porque possuíam a civilização – sejam quais forem suas qualidades humanas ou seus atrativos físicos.

Tornando-se subversivas, as mulheres rompem com o processo. Desbravam e exploram outras possibilidades para habitar nossos parques temáticos, que podem estar ligados à vida profissional, pessoal, familiar, social, cultural ou política.

Trata-se de um exercício do pensamento, de ginástica mental, de desenvolvimento pessoal e de estratégia. A subversão torna-se um novo hábito para conectar-se consigo

---

* Edmond Jabès, *Le Petit Livre de la subversion hors de soupçon*, Paris, Gallimard, 1982, p. 15.

mesma, livrar-se dos estereótipos e desenvolver seus conhecimentos. Funciona como um recurso interno para se posicionar em seu entorno. A subversão responde a uma exigência genérica e discursiva. Estar no mundo e dialogar. Criar novos lugares para habitar.

Para ser subversiva, é necessário cumprir determinadas condições. Propomos explorá-las juntas e ver como aplicar concretamente a subversão no terreno pessoal e profissional. Então, você poderá dizer: "Agora sei o que nenhum anjo sabe..."*

Descubra a força de sua subversão quando estiver em campo. Observe... e aja!

---

* Referência às palavras pronunciadas pelo anjo Daniel no filme *Asas do desejo*, de Wim Wenders: "Ich weiss jetzt, was kein Engel weiss".

Meu estado de espírito para entrar na subversão

> Diz primeiro o que queres ser,
> depois faz o necessário para sê-lo.
>
> EPITETO

Tornar-se subversiva é um estado de espírito que passa por outra forma de mergulhar em si mesma e conectar-se com a própria essência. Tudo o que a leva a sentir-se viva de maneira única. Você desenvolve outro acesso a si mesma, uma linha direta, para fora dos bancos de dados e das figuras de estilo impostas desde a infância.

Para nós, mulheres, em uma sociedade-cultura que ainda prioriza muito os parques temáticos masculinos, tornar-se subversiva significa regozijar-se por sermos quem somos de fato. Livremente e sem limitações. Experimentar o gosto e o desejo de ser absolutamente si mesma. Um ser pleno, um corpo que pensa e se alegra por estar no mundo. Um sujeito de direito que decide e não espera o consentimento no olhar dos outros para existir e se afirmar.

A subversão traz uma energia nova para enraizar nossa presença no mundo mais próxima de quem realmente somos. Sentir-se conectada com a própria essência, com a magia da vida – fora das expectativas redutoras, ligadas a um "feminino" estereotipado, que pesa e entrava.

A subversão é uma intenção, uma visão, uma sensação. Um estado de espírito. Uma reviravolta. Um passo para o lado. Uma inversão. Um começo. Pensar sobre si possibilita pensar sobre o mundo.

Saber quem sou para saber aonde vou...

Ou como praticar um egoísmo positivo para navegar nas águas da subversão. Dar-se a primazia existencial é a primeira coisa a fazer para entrar na subversão. Antes de ser subversiva, preciso saber quem sou. Do contrário, minha subversão não terá o efeito esperado. Não passará de um simulacro, de uma adaptação a mais às expectativas conformistas.

Tornar-se sua própria prioridade

Vir primeiro é vir ao mundo. No cotidiano sempre se coloca a questão da prioridade. A quem devo dá-la? Essa é uma pergunta muito importante para as mulheres que se habituam socialmente a não ter ego, ou seja, a não se manifestarem de maneira muito afirmativa, sob pena de serem capturadas pela patrulha dos homens... e das mulheres que falam a língua dos homens. *Ela é egoísta... Ela é histérica... Ela é ambiciosa... Ela só pensa em si mesma.* É de bom-tom ser recatada, devota, colocar os outros em primeiro lugar, dedicar-se a... tudo, menos a si mesma, o que impede todo impulso livre e criativo – reservar tempo e espaço para si mesma. Imagine... um ateliê de artes para experimentar a uma inspiração... uma pausa para um café com as amigas... deixar as crianças com alguém... um fim de semana sozinha para aproveitar a praia e se abrir ao desconhecido... *Um Quarto só Seu.**

A questão da prioridade é a de aceitar existir, em primeiro lugar, para si mesma, antes de interagir com os outros, embora, como vimos, seja principalmente nossa animalidade política a fundamentar nossa humanidade, pois ela é a comporta da passagem do biológico para o extrabiológico – o espaço da comunidade e da sociedade-cultura.

Praticar um egoísmo justo

Nutrir um egoísmo positivo contra ventos e marés. Materializar-se nesse lugar que é o centro de si mesma. Fincar a bandeira e decidir permanecer onde está. E que ninguém tem o direito de controlar esse cristal interno. A intimidade de seu ego é um espaço de liberdade em que o olhar dos outros não tem nenhum impacto. Esse é o meu lar. Quando estou em casa, estou bem. Não tenho de lutar. O egoísmo positivo é o

---

* Referência ao belíssimo texto de Virginia Woolf, segundo o qual o que falta às mulheres é, inicialmente, um espaço particular, isolado dos outros, no qual ela possa exercer sua intimidade e desenvolver a total liberdade de ser si mesma. (Ver nota da revisora técnica, pp. 17-9).

primeiro território da subversão, pois é a primeira pedra a fundar a base de sua identidade.

Sentir livremente e sem complexo um egoísmo positivo! Recentrar-se e voltar a si. Avançar na vida pessoal, amorosa, familiar e profissional, evoluindo inicialmente por si, e não apenas pelos outros. Ninguém pode ser você, a não ser você mesma. Ao atravessar o tempo, a vida torna-se mais leve. Os seres e as coisas se movem continuamente ao seu redor. A dinâmica da vida é feita de aparições que desaparecem, de pessoas que percorrem os diferentes círculos de suas relações. Algumas se enraizam, outras vão e vêm ou apenas passam.

O que restará do traçado de sua vida se ela for balizada unicamente pelos desejos piedosos dos outros? O que você terá realizado para e por si mesma, fora dos ditames e dos conformismos? Voltar a si, às suas origens internas, onde crescem as raízes – "A terra ainda jovem e virgem de desastres",* para retomar as palavras do poeta Stéphane Mallarmé. As terras primevas, de onde jorra o poder da energia vital.

Colocar-se novamente em contato consigo mesma como principal referência de valor, em uma consciência original que é um recurso sempre presente, um aliado, e não mais se curvar aos valores dos outros. Antes de existir para os outros, existimos para nós mesmas. Isso nada tem de negativo e não deve gerar nenhum sentimento de culpa. Trata-se de uma realidade universal –que é o destino de todo ser humano.

---

* Stéphane Mallarmé, trecho do poema "Les fleurs"(As flores).

Inicialmente, pertencemos a nós mesmas; do contrário, seríamos criadas em fábricas, campos e matrizes.*

Nossas fábricas são nossos esquemas mentais, iniciados pela pressão extrabiológica da sociedade-cultura. Nossas matrizes são zonas que fabricam a domesticação. O simples fato de possuir um corpo vivo, que marca nossa presença física na Terra, liga-nos irredutivelmente a nós mesmas em uma intimidade que ninguém mais pode experimentar em nosso lugar. E isso antes de entrar no canto e na dança do animal político que será modelado.

Eis por que integrar a necessidade vital e existencial de considerar um egoísmo positivo é o que impedirá as mulheres de se desculparem no dia a dia por serem quem são, de compensarem todas as disfunções ao redor de si, quer sejam elas familiares, de relacionamento ou organizacionais, para ali viar os outros de todas as imperfeições da vida, dos sofrimentos inevitáveis, mas também do mais importante: para aliviá-los de quem elas são, porque sua natureza não seria conveniente, teria de ser continuamente educada. Esse excedente de educação é o traço da domesticação.

Aceitar-se em sua integralidade

Aceitar-se torna-se uma condição inegociável para você e para os demais, o que não impede a escuta, tampouco a abertura.

---

* Refiro-me ao célebre livro *Admirável Mundo Novo*, do filósofo e romancista Aldous Huxley, publicado em 1932 ou, mais recentemente, à sétima arte com a famosa trilogia *Matrix*, das irmãs Wachoswki, cujo primeiro episódio foi lançado em 1999.

Você agora tem consciência de uma força, de uma postura que rodeia sua energia vital, ações e pensamentos. Como um ato de afirmação, de proteção e de sobrevivência. Crie uma rotina mágica para sair do confinamento interno. Reforce os hábitos mentais que lhe tornam exitosa, libertam e consolidam a própria postura. Marque um encontro consigo mesma. Mantenha um diálogo interno constante para não se perder de vista.

Caminhadas, escapadas, atividades, socialização, entre outras coisas, são momentos a serem colocados imperativamente na agenda para que haja a possibilidade de ter encontros regulares consigo mesma. Deixar de lado as interferências, os parasitas e as injunções. Encontrar-se consigo mesma é tornar-se visível e legível para si... Percorrer os caminhos do autoconhecimento pela descoberta e aceitação de um diálogo interno. Um pré-requisito para qualquer exploração do mundo.

Converse consigo mesma. Lembre-se regularmente de quem é. Marque encontros mágicos consigo mesma para quebrar os falsos encantos dos parques temáticos e de uma domesticação que não é civilização. Estabeleça uma conversa consigo mesma... Essa é a conversa original. Teste-se. Observe-se. Saia da margem e venha para o centro. Fique na janela, se olhe caminhar na rua. Saia da própria rotina para sair de si mesma. Assumir-se como hipótese para novas formas de ser e de fazer, é uma das chaves de ouro da subversão. Refine a arte de existir e avançar, permanecendo si mesma para ter solidez ao entrar na subversão.

Firmar um contrato consigo mesma

O primeiro contrato para existir se dá consigo mesma. Não temos de pedir desculpas por sermos quem somos nem nos adaptarmos à forma desejada pelos outros, tanto na forma física quanto na flutuação das nossas vidas internas. No trabalho, pense em si mesma... em casa, pense em si mesma. Seja egoísta de maneira positiva. Sem ego e sem a autoconsciência em sua unidade fundamental não há pensamento original, não há aventuras possíveis no mundo, audácia, descobertas... nem liberdade.

Essa questão da prioridade retorna como um *Leitmotiv* na vida cotidiana. No trabalho, quando seu chefe ou colega lhe pergunta, desviando-se de uma conversa: "A propósito, o que vai fazer depois? Qual será seu próximo cargo?", você não sabe o que responder. Esqueceu-se de pensar em si mesma. Não se deu a prioridade existencial. Percebe que os outros, assim como os projetos, passam à sua frente e à frente de seu desejo de realização pessoal. *Idem* (o mesmo acontece) quando seu cônjuge não lhe nota, preferindo que esteja na cozinha ou na cama a ouvi-la falar de suas viagens, de inovação e de inspiração. Da próxima etapa de sua vida.

Cuidar da casa para torná-la funcional e agradável e educar os filhos acabam tendo mais valor do que você. Um valor quase existencial além das responsabilidades usuais que devem ser partilhadas. Em certos dias, você acaba sendo confundida com a decoração. Perde cor e relevo. *Exit* a menina que há em você, com sua carruagem de sonhos...

Ora, quando não há alguém (no feminino), não há ninguém. Antes de deixar os outros se beneficiarem de tudo o que você faz e produz, pergunte-se: "Será que me dei alguma vantagem?". Dar prioridade a si mesma é um tema tabu. As mulheres giram em torno dele e até pedem desculpas por pensar no assunto, pois ele contém um caráter proibido, a sensação sutil ou confusa de um incômodo. O descumprimento das convenções sociais, culturais ou religiosas. Na história das mulheres, há uma espécie de vergonha em expor-se e ser exposta, como se o pensamento delas fosse um corpo – desnudado e oferecido aos outros. Um pensamento carnal. Afirmar-se não é desnudar-se nem vender o próprio corpo. A concupiscência alheia só diz respeito aos outros. Estar no centro é incômodo. O olhar dos homens avalia e julga os pensamentos e os corpos. Às mulheres, a reserva, o silêncio e a invisibilidade, a metamorfose em sons de fundo que suavizam, e não o brilho de um traço de personalidade. É o que se chama de decência. Uma redução sociocultural para que as mulheres não exagerem, não saiam do parque temático no qual deveriam manter-se, levadas por séculos de opressão sociocultural e dominação extrabiológica.

Cultivar o jardim secreto da confiança

Não se deixe reduzir à matéria silenciosa. A matéria é viva. Ela pensa e lhe pertence. É sua. Avance. Aprenda a saber quem você é. Confie em si mesma. É você quem tem o conhecimento mais íntimo de si mesma, não seu vizinho que repara em sua roupa e faz comentários sobre as mulheres e a estética em geral. Sua intimidade é sua força, seu centro gravitacional irredutível ao poder alheio. Crie esse espaço em si mesma. Esse é seu pré-requisito para o uso libertador da subversão. Chamam-na de histérica? Ótimo. É sinal de que você existe! E como você sabe quem é e não pode ser destronada na intimidade luminosa de sua essência, que pertence apenas a você, pode dar-se ao luxo de exibir um sorriso radiante. Você vai além... E saberá praticar a histeria assertiva com refinamento.

Por que, sendo mulher, se deveria nascer em uma planilha organizada do Excel, em um parque temático opressor, em vez de deixar o próprio útero vagar com toda a liberdade? Dizem que desde a Antiguidade as mulheres não controlam seu útero; não se controlam em relação às expectativas e olhares dos homens, que só querem mantê-las nos papéis que eles escolheram para elas.

As motivações e os mecanismos ocultos de seu útero lhe pertencem com toda a discrição. Não devem ser exibidas em praça pública nem ser motivo de risada, mesmo que você deseje fazer o papel da moça legal, simpática, sem frescura e à vontade com o próprio corpo. O respeito por sua integridade é uma linha que não deve ser ultrapassada. Abaixo dessa linha, seu útero tem total liberdade.

Aprenda a se posicionar além dos estereótipos do sexismo. Pratique o salto com barreiras. Não deixe que a reduzam somente ao biológico quando isso não lhe parecer bom. Você não precisa sentir nenhuma satisfação nem alegria. Ignore com delicadeza e tranquilidade. Desenvolva sua segurança interior. Busque o apaziguamento e a brandura. O amor-próprio nutre a autoestima. Manter a autoconsideração e dar atenção a si mesma levam ao prazer de experimentar a liberdade de maneira sensual, intelectual, material e espiritual e o mundo com uma serenidade sem asperezas.

Pergunte a si mesma: quem vem em primeiro lugar? Seu/sua chefe, seus colegas, seus filhos, seu parceiro ou sua parceira? Nossa animalidade política esporádica é uma reserva de socialização. Recorremos a ela para nos ligarmos aos outros e nutrir nossa humanidade. Ela só faz sentido porque você soube dar a si mesma, acima de qualquer ação, a prioridade existencial.

Ser importante em si e para si. Considerar-se é uma necessidade. Antes de me doar aos outros, eu me doo a mim mesma. Aceito ser uma força de vida. Sou maestra das músicas que crio. Desde de manhã até a noite, corro atrás de todos os instrumentos, esquecendo a outra que me olha do púlpito, diante dos músicos. Ela me aponta a batuta. A outra sou eu. Antes de ser mãe, irmã, amante, esposa, amiga, colaboradora, gerente, diretora, executiva, líder, mulher dedicada ao lar etc., eu sou eu. Um ser humano. Muito antes de assumir um gênero nos papéis e costumes propostos nos camarins da civilização e de entrar em cena.

Reconhecer-se é um imperativo. Conhecer-se, uma necessidade. Perdoar-se por se esquecer de si mesma. Saber quem é para saber aonde vai. Confiar na conexão íntima com sua energia vital, no processo de reconciliação consigo mesma, em sua reapropriação através da subversão.

Resplandecer a partir de sua essência

Resplandecer a partir de seu centro e da multiplicidade de suas experiências. Elas a compõem como estratos que adensam, conferem uma espessura interna, nutrem o sentimento de um eu pessoal. Tornar-se significa existir. Ter experimentado, na carne e nos pensamentos, a vida em todas as suas dimensões. A construção das múltiplas facetas de sua identidade passa por uma exploração do mundo e por uma prospecção interna. *Exit* os caminhos já traçados. Ultrapassar as injunções multimodais e os estereótipos da sociedade-cultura requer a ousadia de se questionar corretamente. O questionamento orienta os caminhos tomados por sua identidade pessoal. Percorrer estradas desconhecidas. Adotar modos diferentes de pensar. Não repetir atitudes e palavras dos outros para ser amada. Saber evoluir para se tornar você mesma.

Evoluir é o contrário de um determinismo que se enraíza nos campos de uma liberdade interna. Pergunte-se: "O que evoluir significa para mim?". Muitas vezes, ir contra a corrente do que é esperado é uma atitude salvadora em relação a quem você é e à força de sua imaginação. Seu mantra: evitar ser uma cópia, apropriar-se para consolidar sua essência.

Oferecer a si mesma liberdades inéditas como fonte de inspiração, é outro pré-requisito para entrar na subversão. Não copiar o modelo dos outros porque os imaginamos compostos de uma essência superior. "Só há semelhança ao preço de uma abdicação."* Reconcentre-se em sua profundidade pessoal. Saber quem sou para saber do que sou capaz e aonde quero ir. Lançar mão e dar corpo às indagações "por que não eu?". Não existe modelo de vida perfeita.

---

* Edmond Jabès, *op. cit.*, p. 58.

A essência interna é a verdade de seu ser. Ela revela os rostos que damos a nós. Depois que observamos esses rostos refletidos em nossa intimidade, eles podem emergir e aparecer no mundo com a força de sua potência intrínseca. Você os verá flutuar no olhar talvez surpreso dos outros. Alguns invejarão sua liberdade de ser. Você terá ousado dar um primeiro passo na subversão.

Você terá ousado esse breve minuto que, dentro de nós, é de longa duração. No momento em que, eventualmente, você se autoriza a ser subversiva, experimenta uma intensa solidão, pois incidentalmente autorizou a subversão. Essa solidão é uma passagem. Uma ponte para uma nova terra. Você quebra os códigos. Atravessa o Rubicão. Cria novas conexões – que para os outros se tornarão convites para novas formas de ser.

A subversão não é uma imitação nem uma repetição em circuito fechado. Ao contrário, ela abre as perspectivas e amplia os horizontes. Ultrapassa o espaço fechado dos parques temáticos majoritários e ordenados tendo, à sombra, moças bem-comportadas*. Essa é a razão para você precisar dela. Você não é obrigada a se parecer com outra pessoa. Lembre-se disso. Em seu processo de humanização, o ser humano se constrói sem modelo preestabelecido. Essa é sua força e seu poder. É libertador saber criar rupturas positivas com seu ambiente, com as imagens armazenadas desde a infância e

---

* Alusão ao livro *Memórias de uma moça bem-comportada*, de Simone de Beauvoir.

os modelos que nos cercam. Permitir-se inspirar a si mesma, compor algo novo. Inspirar-se e ser inspirada não é imitar.

Para entrar na subversão, você precisa tornar-se inimitável a seus próprios olhos. Divirta-se em "transvestir-se".* Mantenha sua originalidade à tona, contra tudo o que lhe ensinaram e que a faça sentir-se limitada, culpada e aprisionada. Posicione-se como um princípio inalterável. Assimile a possibilidade de realizar-se a partir do que há de inegociável em você. Esse é o contrato existencial que assina consigo mesma para praticar livremente a subversão. Você é um sujeito, não um objeto a ser negociado nem uma extensão física e doméstica.

Componha seus modelos como um mosaico ou buquê. Quando pensar no "sucesso" dos outros, pense também que ele não é idêntico ao seu. Há um mistério em todo sucesso, que não pode ser modelado, apenas compartilhado. Dê-se a oportunidade da incerteza, da inexatidão. De hesitar e tentar, à sua maneira, de experimentar sua liberdade, de trabalhar sua matéria viva: você mesma – e que não pertence a mais ninguém. Ofereça-se a possibilidade de percorrer um caminho novo, que ainda não foi totalmente traçado nem socialmente estabelecido. Reorganize a aleatoriedade de sua biblioteca interna em função de seus impulsos, de seus

---

* Combinação de palavras que significa travestir-se, assumir novas formas, tomar caminhos paralelos, inabituais nos entraves, nas dificuldades. Ousar a originalidade. Abandonar o invólucro da conformidade. Não ser uma cópia. Deixar de disfarçar-se com as roupas dos outros. Ousar criar seu arsenal pessoal.

gostos e de suas explorações. Você tem a possibilidade de reformatar seus bancos de dados pessoais.

Eis por que você não é realmente domesticável. Entrar na civilização não significa deixar-se domesticar por princípios e preceitos que os outros se arrogam o direito de escolher para si. Eu fui domesticada? Talvez, e sem perceber, quando cedo aos estereótipos... e meus reflexos e minhas reações acabam no compartimento "viés cognitivo" ou "integração da dominação masculina"... Ainda sou domesticável? Não! Tenho o poder de criar a contracultura, de virar a mesa e ser subversiva. Lembre-se desta frase do filósofo Kant, que se aplica particularmente às mulheres em geral: "É possível adestrar cavalos e cães, mas também homens".*

---

* Emmanuel Kant, *Traité de pédagogie* (Sobre a pedagogia), 1855. "O homem só pode tornar-se homem pela educação." Kant afirma: "Portanto, a educação deve, em primeiro lugar, disciplinar os homens. Discipliná-los significa tentar impedir que sua porção animal sufoque sua porção humana, tanto no homem individual quanto no social. Desse modo, a disciplina consiste em despojá-los de sua selvageria".

A reconexão com o próprio corpo

Comece por se perguntar: "O que aconteceu com a conexão que tenho com meu corpo?". O corpo é sua base e seu poderoso aliado. Ele é o receptáculo de sua existência e lhe dá informações preciosas sobre você mesma. Emoções, pressentimentos e pensamentos. Às vezes, parece que estamos arrastando nosso corpo, ou parece que ele chega antes de nós. Algo se desprende insensivelmente na presença física. A identidade começa pelo corpo. Ele é uma gaiola, uma retenção para a mente apenas quando ela é capturada pelos outros por meio de estereótipos. Expor a própria mente e as próprias ideias, dar-se prioridade ao se afirmar e fazer ouvir a própria voz não significam vender seu corpo nem sua alma.

Eu sou meu corpo

A partir das sensações que tiver pela manhã e ao longo do dia, lembre-se de pensar em si mesma. Seu corpo a ouve. Ele enraíza você ao que há de mais profundo em si mesma. Fora dele, nada é possível neste mundo. Ele não é uma flor nem uma safira, tampouco um livro aberto em uma estante, para ser folheado pelos outros. Você começa a existir onde ele se encontra. Saber onde sentir a cada dia a conexão com seu corpo permite que você se posicione melhor. A palavra começa no corpo. Ela precisa de um lugar. Em seguida, ela pode beber o universo e tecer as estrelas.

Pergunte a si mesma: "Como me sinto aqui e agora? De que maneira a alquimia entre agir e sentir se organiza em mim – no trabalho, em minha vida social, em casa?". Através das palavras que pronuncia ou que lhe são atribuídas, inicie um diálogo interno: "Com quem estou realmente? De onde partem minhas palavras?". Antes de vivermos com os outros, vivemos conosco. Quando piscamos os olhos, o mundo entra em nós, e um diálogo com o universo se inicia. Depois, os outros chegam, às vezes querem nos agradar, nos empurram, nos apressam... mesmo que não saibamos a causa. Desfilam atrás das sombras ou na frente da luz.

O corpo é uma raiz. O fio de Ariadne* que você desenrola no espaço de sua presença. Pouco importam os labirintos e os Minotauros; o corpo lhe une à sua essência, e nela está sua liberdade. Pouco importa a forma de seu corpo e as maneiras como ele atravessa o tempo. Não é disso que se trata,

---

* Na mitologia grega, Ariadne era filha do rei Minos, de Creta, e de Pasífae. Seduzida por Teseu, herdeiro de Atenas, ela lhe deu um novelo, conhecido como "fio de Ariadne", que o ajudaria a escapar do labirinto construído por Dédalo para prender o Minotauro.

e sim de você. Sua conexão com seu corpo é sua força. A partir dela se desenvolverão todas as suas presenças – mentais, intelectuais, emocionais, espirituais – e todas as suas ações, inspirações e audácias!

Meu corpo me pertence por inteiro

Comece por pertencer a si mesma. Evolua como um sujeito, e não como um corpo que é o objeto das conversas alheias. Uma das condições da subversão é reintegrar-se à sua conexão. Fazer de modo com que ela pertença apenas a você mesma. Nem aos ascendentes, nem aos descendentes. Nem à sociedade. Nem às lojas. Nem àquelas e àqueles que povoam sua intimidade.

Não é possível ser subversiva negando a si mesma. É preciso começar sendo para se tornar. Ser significa habitar um corpo: seu próprio corpo. Habitar significa conectar-se consigo mesma. Estar primeiramente em si, antes de ser apanhada pelas palavras, pelas projeções e ideias alheias. Por algo que é fruto da imaginação alheia. Deixe que seus próprios sonhos flutuem em seu corpo. Eles atiçarão seu fogo interno. O lugar da alma e do espírito.

Depois de acertar suas relações aleatórias, audaciosas ou às vezes inexistentes em sua conexão com seu corpo, lembre-se de si mesma no momento oportuno. Pratique as virtudes da tautologia positiva: trata-se de uma figura da lógica que exprime a ideia de repetir a mesma coisa. Isso significa que A = A. Aplicado a nosso propósito, isso implica reconhecer-se total e integralmente. Eu sou eu mesma. Não pertenço a mais ninguém nem tenho necessidade de passar por caminhos periféricos para ter o sentimento de minha identidade. Tenho uma conexão direta comigo mesma, pois sou eu mesma.

Quando se é mulher, dar-se prioridade é subversivo tanto quanto possuir seu corpo, sem artifícios ou desvios. Penélope pode estar no mundo novamente. Já não está presa em sua ilha a serviço dos homens e de seu único filho. Lembrar-se de si, com essa constância, parece uma rebelião. É sua responsabilidade perante a verdadeira pessoa que você é.

Ao integrar as bases e as virtudes da tautologia positiva, torno-me eu mesma – EU me torno EU. Pois, se A = A, então, EU = EU, e não as pessoas que me são próximas. Essa atitude passa por uma reapropriação de suas ações. Dê a si mesma a liberdade de discorrer sobre o que fez e faz. Não deixe Mnemósine* dormir por muito tempo. Dê a si mesma uma densidade que será uma fonte à qual recorrer no momento de ser subversiva.

---

* Mnemósine é a deusa da memória, filha de Gaia, a Terra, e de Urano, o Céu, e mãe das nove musas que teve com Zeus. Platão a cita no *Teeteto* (191), ao especificar que Mnemósine deixou de presente o bloco de cera cognitiva, na qual imprimimos nossas experiências e pensamentos: "Imprimimos nossas sensações e concepções nesse bloco como o selo que gravamos com um anel, e lembramos e sabemos o que desse modo foi impresso enquanto a imagem permanecer na cera, ao passo que esquecemos e já não sabemos o que se apagou ou foi impossível gravar".

Tomar consciência de minhas síndromes e complexos de todo tipo

Para poder ser subversiva, também é essencial considerar as próprias síndromes e complexos como um rebanho de animais selvagens que a rodeia. Suas síndromes são produto da educação – a educação que é uma programação, para que você seja mantida nos parques temáticos masculinos. Sem excessos.

Desprograme esses animais que a rodeiam. Quem são eles?

A síndrome de Atlas ou o peso do mundo sobre as costas

A primeira síndrome, e não das menores: a figura de Atlas carregando o peso do mundo. Você se sente responsável por tudo, e assim a fazem sentir ao menor rangido nas engrenagens. *O dossiê não está pronto... Você não recebeu as informações corretas... Não fez as compras... As crianças estão insuportáveis...*

Você não dá conta... Não está com vontade esta noite... Não é a responsabilidade ligada ao exercício de uma força autônoma que se revela, mas aquela ligada ao exercício de uma culpa pesada, que a "engole" e lhe atribui todas as falhas. Na verdade, é só a vida normal que não é perfeita para ninguém. A vida perfeita não existe. Nem mesmo nos contos de fadas, cujo fim nunca conhecemos realmente. Você não está aqui para tornar a vida dos outros agradável, estar a serviço de... e sentir-se culpada ou em dívida assim que surge o menor sinal de insatisfação. Faça de conta que não está vendo. Dê nome ao que está acontecendo, sem se deixar atingir ou questionar. Passe o medo e a culpa para outra pessoa. Que o medo vá assustar os outros. Você não está mais disponível para esse papel.

Ceder à pressão é o contrário de engajar-se. Estar engajada não é se transformar em Atlas, que se acorrenta exatamente quando você precisa se libertar do peso dos outros e de uma visão de mundo perfeita demais. Às vezes você pressente o holograma dessa situação, uma imagem mal esboçada, que acaba tomando todo o espaço. A exigência tem várias tonalidades. Inicialmente, suas raízes penetram no comum, no cotidiano, antes de se transformarem em aspirações e subir até as estrelas.

Não carregue o mundo nas costas, sentindo-se responsável por tudo e por todos. Abandone a responsabilidade ontológica das mulheres. A culpa infinita de ser devedora, disponível e presente. Eva se "transvestiu". Criou seu próprio parque, escolheu os temas e definiu as condições.

A síndrome da boa aluna ou a obrigação de excelência

Em seguida vem a boa aluna e, consequentemente, um investimento excessivo e sem fim na excelência. As que nunca fazem o suficiente continuam esperando ser recompensadas e vistas. Só que o chefe, homem ou mulher não é mais a "professora" que tampouco tinha a obrigação de ser mais justa que o chefe, a supervisora ou os colegas de hoje são. Além disso, a excelência é uma armadilha. Ela faz com que você seja necessária onde quer que esteja. Torna-se ainda mais difícil esboçar um movimento, em outros termos, obter uma promoção ou a mobilidade tão almejada.

A síndrome da moça simpática ou a ditadura da empatia

Talvez você ceda a outro tipo de pressão interna: a busca sem fim da moça simpática. Aquela que oferece gentilmente seu lugar aos outros e é excelente, ainda que na sombra, não parte para o confronto, positivo ou não, pois quer ser amada e receber o máximo de *likes*. Essa moça é simpática demais para entrar na competição, mesmo em versão suave. Ela prefere ser simpática a ouvir que tomou o lugar de alguém ou que não é uma boa mãe em sua casa. Quer ser amada, mesmo correndo o risco de ficar apagada. Contudo, o conflito é positivo e criador de visão. Faz parte dos métodos de mediação mais eficazes – o famoso "acordo sobre o desacordo". É legítimo, justo e vivo. Torna possíveis as conversas e as discussões. Sozinhas, as figuras decorativas nada dizem nem fazem barulho, como as bonecas infláveis.*

É necessário exercitar-se em outro aprendizado, ao contrário das meninas ajuizadas, bem-criadas e educadas, que não fazem barulho e continuam a ser prestativas no universo corporativo e nas casas bem cuidadas. Gostar de ser detestada. Uma lufada de oxigênio libertador! Uma inspiração que a alivia do peso inquisidor dos outros – sejam eles quem forem em termos de idade ou gênero.

Ser detestada é um sinal positivo. Abandonar a ideia de ser amada a qualquer preço é libertador. Não buscar provas incondicionais de amor é totalmente subversivo para as mulheres ainda hoje educadas no culto do amor e das aparências** como única possibilidade de ter acesso a si mesma e se realizar.

Aceitar ser detestada significa admitir a ideia de ter um impacto real em seu entorno e não ser uma unanimidade. Seja no trabalho, seja em casa. É ganhar corpo. Adquirir uma nova importância. Talvez você não goste dessa ideia, mas tente familiarizar-se com ela por meio da leitura. Você dirá a

---

* Embora sobre esse tema a tecnologia tenha feito um enorme progresso para dar vida a esses objetos, que nutrem ainda mais a confusão sujeito-objeto na percepção que os homens têm do corpo das mulheres e de sua consideração.

** O culto das *selfies*, a teatralização com a encenação de si mesma e a hipersexualização do corpo de meninas muito jovens reforçam o culto da aparência. As poses excessivamente sugestivas de milhares de *selfies* são provas disso. É um paradoxo de nosso tempo na era do fenômeno planetário #MeToo. Onde estão as mulheres" influenciadoras"hoje, fora dos setores marcados pelo gênero?

si mesma: "Não quero ser má, tenho valores etc. Não tenho nada a ver com tudo isso. Do que essa autora está falando? Não tenho nada a ver com essa confusão!".

Sair da gaiola da ética

Aceitar ser detestada significa afastar as barras da gaiola da ética. Será que seus valores são realmente seus? Ser uma unanimidade em todos os momentos e lugares é um "verdadeiro" valor ou uma injunção? É uma posição insustentável na "vida real". Não faça de sua ética uma gaiola nem uma armadilha. Lealdade, ambição e escuta não são elementos opostos.

Expressar os próprios gostos e dar preferência ao que faz sentido não são antagonismos. Afirmar as próprias necessidades não deve passar para o segundo plano, sob o pretexto de que os outros devem ter a prioridade e passar à sua frente. Polidez, valores e ética não devem conduzir à negação de si mesma e ao primado sistemático do outro. Uma ética que termina na autonegação é uma contraética. Ouvir não significa submeter-se. A aceitação da domesticação leva à redução identitária. A domesticação é o contrário da civilização. A ética que alguns agitam debaixo dos seus olhos gera um forte sentimento de culpa se você ainda não souber dar a si mesma a prioridade existencial. A lealdade não é uma algema que impede a ambição e o exercício da própria liberdade. Compreender isso tornará mais fáceis as práticas subversivas de autoafirmação para que você se esquive das manipulações morais.

Aprenda a permanecer tranquila com esta ideia importante: ser libertada da gaiola da ética. Ser detestada é um sinal de sucesso que depende de aprendizado e de uma contracultura. Renunciar à moça simpática liberta das correntes e das obrigações que levam diretamente à alienação.

Não ser uma unanimidade faz bem à saúde da alma. No trabalho, você não tem de ser amada em sua essência. Ser respeitada, sim. Você está ali para fazer seu trabalho, nos limites do que lhe cabe e com a consciência aguçada, sabendo que ninguém controla tudo.

As pessoas trabalham para se realizarem, para contribuírem, desenvolverem a si mesmas e os outros. Ninguém escolhe ficar em casa à mercê e a serviço dos outros. Sejam quais forem os lugares por onde você passar, chegará o momento em que será criticada. Tudo bem. Você se conhece e sabe o que faz. Mesmo tentando, ninguém mandará em você.

Escolher a si mesma: aprender a dizer "não"

Um modo de cultivar a paz de espírito é aprender a dizer "não". Saber dizer "não" é aprender a escolher a si mesma. Dizer "sim" primeiro para si. Se você nunca diz "não", seu "sim" não tem valor. O "sim" só tem valor porque você sabe dizer "não". Dizer um verdadeiro "não" e dizer um "verdadeiro sim" é escolher-se da melhor maneira. Você se valoriza e aceita não ser uma unanimidade. Comece por dar valor a si mesma.

Seja verdadeira consigo mesma. Estabeleça com os outros um limite claro de relacionamento, sem ambiguidades. Para exprimir um verdadeiro "não", é preciso ser capaz de ser verdadeira consigo mesma e se aceitar em seu movimento interno: seus pensamentos, suas emoções e sua capacidade de análise das situações encontradas. Dizer "não" é um ato de afirmação. Um ato de responsabilidade em relação a si mesma e aos outros. Ouse dizer, ser contra. Ouse causar impacto e ser confrontada por quem a contradiz.

Você só terá contraditores se existir e não passar como uma sombra entre os seres e as coisas. Só terá oponentes e quem lhe responda porque você também faz coisas impactantes que influenciam.

Ser contrariada é positivo. A recusa é sinal de que a escutaram. Ainda que não estejam de acordo, viram-na e ouviram-na. Sem saber, você marca pontos porque avança no caminho da sua liberdade pessoal. Exercita sua mente para ampliar o leque de suas ações. *In fine* (em última instância), se receber poucas recusas, é porque não pediu o suficiente.

A síndrome da impostora ou a impressão de nunca estar no lugar certo

Eis outro sintoma: a impostora. A sensação de não estar no lugar certo justamente porque você não se deu tempo para se dedicar às possibilidades e potencialidades de estar em seu lugar, que provém da sua esfera de valores e referências. Seu lugar não é produto da domesticação dos parques temáticos. Ele vem do seu desejo, da sua essência, da sua liberdade de ser, e não de um modo de agir preexistente. Sem dúvida, todos somos surpreendidos em "situações", no sentido da filósofa Simone de Beauvoir; lutamos com a contingência, o acidental, o imprevisto, o não familiar, o surpreendente, o bizarro, às vezes o trágico, o incontrolável. O conjunto desses fatores, que ninguém neste mundo pode evitar, não entra em contradição com o fato de querer escolher seu lugar, ter seus próprios pensamentos e desejos por algo que não seja um determinismo, mesmo ao repousar serena entre lençóis de seda rosa floridos.

Outra ideia inibidora: demonstrar constantemente às pessoas de sua convivência o quanto você tem razão de estar onde está. Você merece seu lugar. Faz um esforço colossal para sempre corresponder a todas as expectativas. Boa profissional, boa esposa ou companheira, boa mãe, solteira aceitável de acordo com critérios heteronormativos. Você tenta ser perfeita. Caiu na síndrome da demonstração. Presa na armadilha, suas explicações se tornaram justificativas que esperam validações para que você possa experimentar uma feliz sensação de alívio.

De certo modo, esse é o mito enganador do *better self* ou a busca infinita por um eu melhor. Acreditar que você nunca é "suficientemente" disponível, inteligente, diplomada, bonita, amável e amorosa, competente. A eterna busca por um "eu" melhor, um "eu" imaginado, desestabiliza-a, deixa-a insegura e a faz hesitar. É uma corrida sem fim, que não lhe permitirá repousar em lugar nenhum, ficar serena e tranquila em sua postura. Você é como um beija-flor: nunca para de voar.

A síndrome da transparência ou dizer tudo a qualquer preço

A mesma situação ocorre com a busca da transparência... a qualquer preço! No trabalho, por exemplo, você acha que deve dizer e expressar tudo por lealdade. É algo que está vinculado a seus valores. Se você esconder alguma coisa, será uma traidora, e isso aparecerá em sua testa, escrito com letras de fogo. É feio mentir e dissimular. Foi o que lhe ensinaram. Uma moça de bem não faz isso. No entanto, a ética coexiste com o jardim secreto. Há uma distância salvadora, um jardim voltairiano* a ser cultivado, uma interioridade a ser preservada, que é o espaço de encontro entre você e seus momentos de vida. Sua intimidade é um espaço de liberdade que a constrói e preserva. Preservar-se também é proteger-se, de maneira positiva, para não sentir-se em "carne viva" frente à realidade e manter possíveis margens de manobra. Conscientizar-se dessa transparência que acentua a falta de confiança e certa forma de vulnerabilidade é essencial para dar provas de subversão.

Aprenda a se tornar opaca para resistir à síndrome da transparência. Abandone a necessidade imperativa de ter de dizer tudo porque atribui a isso um desafio identitário, ético

---

* Na conclusão do conto filosófico *Cândido* (1759), Voltaire faz Cândido dizer que "devemos cultivar nosso jardim". Em outras palavras, precisamos saber aproveitar o que possuímos para aprendermos mais sobre nós mesmos, termos confiança em nossas próprias habilidades e pararmos de nos comparar com os outros. Um jardim secreto dentro de si mesmo é como um templo sagrado da intimidade. É preciso manter a distância traçada e delimitada por esse jardim entre os outros e si mesmo.

Aqui, a autora refere-se ao fato de que esse jardim, que pertence apenas a nós mesmas, não precisa ser mostrado aos outros. Ele faz parte da privacidade a que temos direito, e isso para que as mulheres deixem de querer ser permanentemente transparentes, ao alcance e ao serviço de outros que, em última análise, não têm voz sobre o que elas são ou fazem. (N. da RT)

ou ainda uma avaliação quase divina de seu ser que não tem lugar aqui na terra. É como se você fosse surpreendida cometendo um erro que não existe e que ainda não ocorreu. Em flagrante delito por pensar e analisar situações, pessoas, diálogos e conversas com recuo ou lucidez. E que você não tem o direito de realizar esse exercício mental e emocional. Você pressente e antecipa o que os outros potencialmente pensam a seu respeito. Interpreta demais. Dá a eles o poder de a ler por dentro, de saber melhor do que você mesma o que você pensa e planeja fazer.

Muitas vezes, é oportuno aprender a distribuir sua honestidade com discernimento. Sinceridade e dissimulação são as duas faces do mesmo ídolo no sentido de imagem, de espectro. Dissimular pode revelar-se a melhor maneira de agir. Aqui, neste mundo, somos todos obrigados a nos adaptar. Por isso, uma sinceridade absoluta costuma ser inadequada. Ela representa um risco mal compreendido e cria um conflito de lealdade imaginário em relação a si mesma e aos outros. O mundo não é um espelho que reverbera cada segundo de pensamento e emoção. Ele explodiria e nos faria implodir... Em primeiro lugar, seja verdadeira consigo mesma e tome seu tempo para replicar quando se sentir confortável. Os outros sempre acabam por nos escapar.

Além disso, pare de acreditar que tudo deve ser explícito. Assim, você revela ingenuamente o seu jogo. Torna-se legível, inocente, pura, sem resistências nem recursos. Essa situação é quase idêntica quando a interrogam ou solicitam sua opinião. Aplique a arte de se calar antes de responder às perguntas. Incorpore esse lema perante os questionamentos imaginários ou pressupostos. Não clique na função "comentários" do Word ou do PowerPoint. Em vez disso, pergunte a si mesma: "O que me leva a comentar tudo o que faço mesmo quando não tenho vontade?". Não invista demais nas perguntas feitas. Não projete na atmosfera roteiros negativos, que desvalorizem ou sejam tóxicos. Não tente dizer algo a mais. Não acrescente uma intenção extra às dos outros, que, além disso, você ignora. Você corre o risco de dificultar a situação desnecessariamente. Aprenda a permanecer à margem e a observar a paisagem para não embaralhar inutilmente suas percepções e sua imagem. Essa matéria que irradia de você e que os outros se apressam em compactar em caixinhas e rótulos. Permaneça firme, enraizada e alinhada. Pratique uma segunda arte: conter-se no momento oportuno para ter tempo de absorver o que lhe é dito. Refreie seus impulsos e reaja de acordo. Ser ou não ser transparente... em determinado momento, será preciso escolher.

O outro lado da síndrome da transparência é a mordaça, o silêncio autoimposto. Você retém suas palavras, sua respiração. Suspende sua alma. Fica com cara de paisagem, ofegante. Anda pelos cantos. Para escapar, não se precipitar, não fazer barulho, preservar seu ambiente pessoal e/ou profissional. Não falar. Não intervir, não entrar no pátio, no centro, na arena, no palco. Não jogar.

Todas essas miragens a aprisionam em uma gaiola de cristal. As paredes de vidro já não estão muito distantes. Sem dúvida, o processo de autoconhecimento é flutuante e aleatório. Aqui, é outra coisa. Essa abordagem a posiciona na direção errada.

Alienar-se em relação aos outros e evoluir em seu ser são coisas distintas que não se correspondem, mas podem entrar em colisão. Comece por se bastar e se desfazer dos pensamentos limitantes para mergulhar livremente na subversão. Desvencilhe-se das narrativas que a diminuem, pois... você acumula três mitos!

Você se fechou – as injunções da sociedade e as prescrições da educação contribuem muito para isso – em um labirinto, e o Minotauro* é você! Você o interiorizou. Nem vale a pena lhe fazer perguntas. Você se antecipa a seus interlocutores, justificando-se em vez de apenas explicar. Você se transforma em Sísifo, pois isso continuamente se repete. E, paralelamente, você frequenta o tonel das Danaides,** pois essa história não encontra o seu final. Para entrar inteiramente na subversão, conscientize-se desses aspectos comportamentais. Isso será

---

* Na mitologia grega, o Minotauro é um monstro metade homem, metade touro. Foi trancado por Minos em um labirinto localizado no centro de Creta, construído por Dédalo para que o Minotauro não pudesse escapar dele e ninguém descobrisse sua existência.

Aqui, a autora se refere ao Minotauro e ao labirinto do qual ele é prisioneiro ao traçar o paralelo com a educação, as imposições sociais e com os parques temáticos que trancaram as mulheres em um labirinto de constrangimentos e normas, que as transformaram em Minotauro. Apenas quebrando os códigos e praticando a arte da subversão é que as mulheres poderão se libertar desse labirinto. (N. da RT)

** Na mitologia grega, ao chegarem aos infernos, as filhas do rei Dânaos foram condenadas a despejar água eternamente em um tonel furado. Esse castigo deu origem à expressão "tonel das danaides", que significa executar uma tarefa absurda, penosa e sem fim.

necessário para que, em seguida, você consiga renunciar à identidade total e deixar o mito absurdo da mulher perfeita,* disponível a todo momento em todos os lugares, e assim cultivar e manter em si mesma a cultura do presenteísmo em todos os aspectos de sua vida.

Iniciar-se na arte de não dar tudo de si

É útil e prudente não dar tudo de uma só vez, sob o risco de ficar sem nada. Encontre seu equilíbrio. Faça de sua doação um ato livre. Recuse-se a ser possuída pelos outros. Você não é um *open bar*. A subversão é uma libertação em sua recusa de toda alienação identitária, de abdicação à reificação. Você é um ser, não uma coisa. A subversão inverte esse estado de aprisionamento na disponibilidade sem fim para restituir a liberdade pessoal e estabelecendo limites claros aos outros. Ao recusar doar-se em tempo integral, tomamos posse do nosso eu e escolhemos onde aplicar nossa generosidade.

Assim, você será capaz de identificar seu valor pessoal e profissional. Retomando a metáfora dos mitos gregos, você poderá utilizar a do rei Midas – com um final mais feliz, é claro! – a capacidade alquímica de transformar suas atividades em ouro e finalmente dar-se um valor qualitativo

---

* Os homens não são perfeitos, o que não os impede de reinar sobre o mundo. E, em menor medida, de serem "bons" maridos, pais e profissionais a seu modo, pelos quais você tem a máxima tolerância. Pense no que dizia Eleanor Roosevelt: "Não condenemos os homens, senhoras; somos nós que os fazemos". A questão é mais complexa, mas exprime claramente as variações de uma tolerância à domesticação das mulheres, ao consentimento da dominação masculina e à reprodução dos estereótipos.

e quantitativo. Isso a protegerá de outro tipo de síndrome: a da desistência e do autoabandono voluntário, porque você está esgotada e não consegue continuar. Pergunte-se por que tudo a leva a renunciar. *Exit* as sereias e as Cassandras!* Libertar-se dos parasitas e dos entraves tóxicos. Deixar a carga mental, as pressões e tudo o que lhe diz respeito irem para o alto-mar. Dentro e fora de você atuam influenciadores nefastos, que às vezes se revestem com trajes atraentes. Alguns são mais rápidos que outros na negação de sua existência e em outras formas de desencorajamento. É preciso saber quem são e conversar com eles para não mais escutá-los. Rechaçar as sereias para não renunciar a si mesma. Um belo prelúdio à subversão.

Diga a si mesma com gentileza, serenidade, recuo e contentamento que, em determinado momento, todas temos um "chip chip"** em algum lugar, ou seja, reflexos adquiridos com formas de condicionamento que nos levam a adotar determinados comportamentos sem passar por uma conscientização e que pensamos ser naturais. Identifique dentro de si essas zonas de determinismo adquiridas, que se ativam quando você age. Os reflexos negativos que prejudicam sua livre expressão. Conscientize-se de todos os elementos que a limitam.

---

* Personagem da mitologia grega que tinha o dom da adivinhação, mas não era levada a sério em suas previsões. (N. da T.)

** Referência à experiência científica dos etologistas com perus sobre o efeito determinante dos *stimuli* (estímulos) e simulacros, citada por Robert Cialdini em seu ensaio *Influence et manipulation: L'art de la persuasion*, Paris, Pocket, 2014, capítulo 1.

Muitas vezes, todas essas síndromes e fenômenos que se transformam em complexos atuam geralmente como sinais fracos. Você não os vê em circulação ao seu redor. Eles revelam processos de condicionamento e resultam em injunções que a capturam e prendem. Um paradoxo nunca vem sozinho. Ele se cerca por uma equipe de pensamentos e ideias que vão em direções diferentes (conivências, oposições, silogismos sem lógica etc.). Desmascare-os. Assuma as rédeas de seu próprio processo de civilização entrando na subversão.

Deslize suavemente na "segunda pele", a da contracultura. Assim que puder, quebre os códigos para quebrar o gênero; e a lista de suas síndromes e complexos desaparecerá. Quebre os códigos esperados. Seja subversiva estando em total consciência. Liberte-se das expectativas estereotipadas para criar novos espaços de liberdade. Esse exercício fará bem a você e a seu ambiente. Mostre que outra coisa é possível. Você não é redutível a um esquema estreito e exíguo de pensamento e classificação. A subversão também é um convite. Ela permite trabalhar com nossas referenciais culturais e criar uma contracultura. Cultura e contracultura assemelham-se a um Jano bifronte – deus romano dos inícios e dos fins. Sempre que você tiver a possibilidade de desprogramar a si mesma ou os outros, não hesite em fazê-lo!

Defina sua própria estrutura de valor. Mesmo sem querer, a educação e as coerções recorrentes dos parques temáticos, com seus inúmeros conteúdos produzidos pelo sequestro civilizacional, acabam deixando uma espécie de impregnação. Um rastro invisível que acreditávamos ser indolor ou sem consequência, mas que é brutalmente trazido à superfície por sofrimentos, um *burnout*, uma separação, e pela violência psicológica, física ou econômica.

Como mulheres, somos incitadas desde a infância a considerar em primeiro lugar o olhar avaliador dos outros para definir nossa estrutura de valores. Ainda carregamos os estigmas do sequestro civilizacional, que a subversão nos ajudará a apagar por completo de nossa alma e de nossa pele. O raciocínio é simples, e sempre caímos em seu mecanismo. A avaliação é sentida como uma validação. A validação se torna um fundamento que, por sua vez, cria as bases de nosso jardim interno. Portanto, mudar a estética e a composição de suas bases pessoais e estruturas de referência é um pré-requisito para todo impulso subversivo.

Trabalhar a delicadeza do concreto em um jardim chinês

É como trabalhar a delicadeza do concreto em um jardim chinês. Você compõe a força, as estruturas de sua própria estabilidade. O *design* do concreto em um jardim impõe um ambiente tranquilizador. Inspira um sentimento de solidez em seus interlocutores, independentemente das árvores coloridas e das sombras das copas. Assimile que o respeito por si mesma que se exprime na edificação de suas bases é a primeira forma de liberdade. A origem e a finalidade do jardim. Antes de qualquer reação e palavra, defina sua estrutura de referências para colocá-la diante dos outros. Ofereça-a como um ornamento. Sólida como uma âncora, um lugar seguro, composto de sua estética, como um quadro. Seu jardim chinês, com toda a sua delicadeza, desenha sua fortaleza. O concreto a fixa, a consolida e, à sua maneira, lhe dá robustez, de acordo com seu estilo e sua escolha das aparências. Em seguida, você poderá responder à pergunta: "Quem sou, o que estou fazendo e quanto isso vale?", do ponto de vista qualitativo e quantitativo, a partir do que você decidir para si e escolher mostrar para o mundo. Então, você será capaz de caminhar majestosamente nas alamedas da subversão.

A arte do nomadismo

Antes de se mover, é essencial saber de onde se parte. Em um ambiente profissional ou pessoal, é fundamental identificar a própria posição. Assimile a importância do fenômeno de posicionamento antes de se projetar. Isso lhe permitirá saber de que tipo de subversão você precisará quando entrar em ação. Comece fazendo a si mesma as seguintes perguntas: "Onde quero chegar em minha vida profissional? Como quero me posicionar em minha vida pessoal, social e familiar?".

Os homens utilizaram a poderosa dinâmica da ocupação de uma posição para prolongar o sequestro civilizacional durante séculos. Souberam ocupar posições estratégicas, estabelecer a si mesmos, os outros homens e o conjunto de seus aliados – inclusive as mulheres que estão a serviço deles e que lhes podiam ser úteis. Conscientize-se da importância do fenômeno de ocupação de uma posição, sejam quais forem seus perfis, ambições, competências ou projetos de vida.

Obter o polegar do panda

Esse fenômeno de posição foi apresentado pelo estudo dos animais em seu ambiente natural. Em etologia, toda posição é estagnada, pois a estase* é a norma. Isso significa que, uma vez ocupada, a tendência natural de uma posição é permanecer. O etologista Stephen Jay Gould estabeleceu associações fascinantes entre as evoluções biológica e cultural, no que diz respeito a seus funcionamentos. Por exemplo, o polegar do panda, "inútil" no plano biológico e selecionado pela evolução, acabou permanecendo.

Na vida profissional, social e política, uma vez que a posição é ocupada, a pessoa tende a se manter nela. Permanece em seu posto, mesmo que seja incompetente.** Obteve o "polegar do panda", ou seja, os ganhos obtidos pela ocupação de uma posição, cuja função natural é perdurar. É essencial ter esse fato em mente quando você procurar seu lugar ou almejar um cargo específico. Alguns estão onde estão unicamente graças a seu polegar "mágico", na verdade "estagnado", e não pela simples dinâmica de uma ascensão fundada na excelência.

---

* Stephen Jay Gould, *La Foire aux dinosaures: Réflexions sur l'histoire naturelle, op. cit.*, p. 87.
** Na sociologia das organizações, o princípio de Peter lhe diria que isso é possível até você alcançar seu próprio nível de incompetência. Ainda é preciso estar no lugar e chegar ao famoso cargo onde você poderá brilhar por seu nível de incompetência devidamente alcançado!

Se pudéssemos nos posicionar onde desejamos apenas por nossas competências, todo mundo o saberia e a vida seria mais fácil. Destacar-se ou ser bom não é suficiente para ter sucesso nem para posicionar-se no lugar certo.

Um fator como esse é algo desconcertante. Quando você pensa no modo como se desloca, como avança pelos múltiplos caminhos de sua vida, de suas geografias profissional e pessoal, é essencial ter esse fato em mente. Saia do complexo. A maioria daqueles que ocupam cargos atraentes, fazendo você se perguntar: "Como eles fizeram para chegar lá?", simplesmente souberam posicionar-se antes dos outros.

Ao tentar se posicionar, leve em consideração os caminhos inusitados. Eles são escalas, portos, trampolins para você escrever seu destino pessoal. Encontrar o próprio lugar e ocupar o espaço não corresponde, necessariamente, ao esquema de uma linha reta nem implica um processo linear.

Toda vida contém uma multidão de vidas

Aceite ter várias vidas em uma vida. Toda vida é multidimensional, e cada uma de suas dimensões é irredutível. Elas correspondem a sequências que não são necessariamente homogêneas, mas compõem movimentos singulares, com os quais uma harmonia é possível. O conjunto dos parâmetros das vidas contidas em você coexistem com suas diferenças de ritmo e musicalidade.

É comum confundirmos a busca por harmonização com uma unificação redutora – uma espécie de poda.

Quanto mais consciência tiver da composição de sua vida, mais capaz será de viajar entre suas múltiplas combinações e praticar o nomadismo de que precisa.

Assim, um avanço permanente acontece em várias dimensões: profissional, familiar, social, íntima, artística, intelectual, emocional, espiritual etc. Cada um desses caminhos engloba um universo que lhe é próprio. O todo compõe sua cosmogonia pessoal, em que cada planeta tem suas cadências e seu ritmo. Passear livremente entre elas permite viver um nomadismo engrandecedor e mais próximo da riqueza de suas diferentes realidades.

Nos parques temáticos impostos, nem todas temos a mesma posição ou a mesma potencialidade na escolha dos posicionamentos. Isso significa que, como os contextos e as situações são diferentes para cada uma, não temos acesso aos mesmos recursos – financeiros, de contatos, de formação, de conhecimento, de lugares para viver. Encontrar a melhor posição para si mesma e se colocar será mais ou menos fácil.

Praticar a arte do nomadismo nos permite utilizar a subversão com discernimento. Ela está ligada a formas de mobilidade internas – relativas ao autoconhecimento – e externas, em ligação com o conjunto de suas ações. Reconhecê-las e abrir-se a esses movimentos facilita a entrada na subversão.

No plano da autocompreensão dos movimentos internos, lembre-se de que potencialmente o "eu é outro" (em referência à célebre citação de Arthur Rimbaud). O "eu" tem seus próprios nomadismos, flutuações e variações. Por quê? Porque o autoconhecimento não é linear nem contínuo. Além disso, nem sempre é muito confiável. Podemos aparecer em lugares onde não esperávamos estar. Não nos conhecemos definitivamente, tampouco podemos dizer: "É isso aí, estou tranquila para sempre!". O "eu" é móvel.

Por isso, você pode ter a sensação de que se tornou outra em função das situações. Aproveite essa possibilidade sem limites para orientar seus nomadismos internos. Torne-se "outra" por necessidade ou vontade. Pratique suas reviravoltas e mude de horizonte, de território, de continente interno. Adquira o hábito de apreender, de maneira fluida, as mudanças de orientação e direção, os estados às vezes estacionários, as acelerações. Siga os caminhos para criar seu destino.

Mapeie a arte de se deslocar. Saia da tentação do imobilismo quando tiver medo de avançar, de fracassar e se sentir presa ao chão. Saia das injunções essencialistas que a paralisam: "As mulheres são como… em seu lugar, eu… como mãe, você deveria…" Crie correspondências novas entre você e o mundo. Mude seus sons harmônicos, sua vibração.

Exalte a arte desse nomadismo interno. "O homem sedentário inveja a existência dos nômades",* dizia o filósofo Theodor W. Adorno. Preso em sua imobilidade, o indivíduo inveja a existência daquelas e daqueles que avançam interna e geograficamente. Você pode circular, mover-se, viajar e, ao mesmo tempo, ancorar sua densidade interna. Pode construir uma coerência móvel e nômade sem deixar de estabelecer seu posicionamento.

---

* Theodor Adorno, *Minima moralia*, Paris, Payot, 1980, p. 159.

Aprenda a permanecer enraizada enquanto avança. Dê um passo em direção à subversão. Ouse avançar. O movimento enraíza o corpo. Aprenda a ser você mesma enquanto se desloca interna e externamente. Dar a si mesma uma direção a enraíza. Projetar-se em um movimento a liberta.

Desacelerar para ir mais rápido

Perante os diferenciais inevitáveis de escalas e ritmos, às vezes é necessário entrar em formas de desaceleração que ajudam a calibrar sua ação, a buscar o alvo como uma flecha para deixar de sofrer e ficar apenas na reação. Inversamente, pode levar muito tempo para aprender a não seguir em frente. Quando você resiste à pulsão de "fazer bem", de ser aplaudida como uma moça simpática. Quando se comporta como uma mulher educada da alta sociedade e acaba percebendo que é apenas polida e dócil. Desacelere, você está no caminho errado. Está na terra da obediência. Seu movimento leva à uma rua sem saída, uma prisão, um impedimento. Olhe para onde você está. Por acaso sua voz interna a faz notar que algo não vai bem na situação ou em uma conversa? Reserve um tempo para refletir e desacelere.

Desacelere para manter a distância, seu espaço interno, seu espírito independente. O tempo de não seguir seu ímpeto significa dar-se o tempo da reflexão. Não se precipitar, não se deixar levar em um movimento externo a si mesma, esquecendo suas raízes internas e sua essência. E ser livre. Escolher seus movimentos é criar a própria filosofia da liberdade.

O movimento pode ser uma pausa ligada a seu poder de decisão. Você não é obrigada a reagir a todos os *stimuli*, a todas as demandas e imposições. Nem mesmo a antecipá-los por razões de eficácia ou para demonstrar a legitimidade de sua presença no trabalho. O mesmo vale em relação às pessoas que lhe são próximas ou por ocasião de um evento social. Desacelerar, *in fine*, para ir mais rápido.

A imobilidade temporária não é imobilismo, apenas uma maneira de se deslocar permanecendo conectada a si mesma. A subversão é uma forma de antecipação. Observar com distância, do cume de sua interioridade. É começar a penetrar os arcanos da subversão e se se estabelecer a partir das condições necessárias.

Porque nada existe fora do contexto

As condições desses movimentos, nomadismos identitários e geográficos, estão sempre ligadas a contextos singulares, pois nada existe fora de um contexto, uma situação. Nada do que vivemos aqui na terra é vivido fora da realidade concreta. Apenas as situações existem, com seus graus de variação e compreensão. Nunca evoluímos *ex nihilo*. Estamos vinculadas aos outros e a contextos que não necessariamente escolhemos. Entre facticidade heideggeriana,* contingência e domínio, embarcamos em um mundo ao mesmo tempo comum e divergente. Somos livres para escolher nossos portos seguros. No

---

* Referência à noção de *Geworfenheit*, ou seja, de ter sido lançado no mundo. Esse conceito foi desenvolvido em *Ser e tempo*, principal obra do filósofo Martin Heidegger.

dia a dia, nossos critérios de percepção e análise devem se tornar plurais para serem situacionais. Aceitar estar em contextos variáveis e viver diferentes situações não necessariamente vinculadas entre si é uma condição para saber quando e como se tornar subversiva.

Esses contextos desenham verdadeiros territórios delimitados que, de repente, podem lhe fazer girar em círculos e ficar presa, tornando-a estacionária. Com uma acuidade das flutuações irredutíveis das situações vivenciadas mais aguçada, você aprenderá a sair mais rapidamente dos territórios delimitados e parques temáticos impostos pela domesticação pseudocivilizadora.

Isso também diz respeito à utilização de uma arte imperceptível e repentina. Uma arte da "guerra". Uma arte da sabotagem e do confinamento. Palavras e atitudes sutis de desvalorização que causam estragos ao ambiente oriundas de um movimento fundamental. Pergunte a si mesma: "Quais são as lutas, as dissensões, as perturbações invisíveis que se ativam ao meu redor? Quais são as relações de força que percebo? Quais são suas finalidades?". Identifique-as antes que elas se precipitem sobre você. *In fine*, não estaria você querendo apenas fazer parte? Talvez essa não seja a parte do mundo que mais lhe interessa. Quanto às demais partes, ainda é preciso que você se dê o direito de ocupá-las, de criar espaço ao seu redor e de sentar-se justamente à mesa do mundo.

Você se reapropria do estado de espírito da exploradora, que é uma condição *sine qua non* para utilizar sua força subversiva. Faça o exercício de identificar a geografia variável dos territórios que a cercam – espaço de trabalho, familiar e social. Faça uma prospecção e você descobrirá novas coisas sobre si mesma, os outros e novas terras a percorrer.

    Permaneça conectada à força inegociável de seu livre--arbítrio e você saberá. Amplie seu domínio. Cuide com constância e generosidade do enraizamento de uma confiança inabalável – seja qual for o grau de agitação em seu ambiente. Movimente e aumente seu campo de força magnética.

Sobre o eu, os jogos e a audácia

Como tudo em nossa vida cotidiana depende de situações e contextos que geram ecossistemas com regras próprias, é essencial saber distinguir o "eu" dos "jogos". O fenômeno de conivência entre o "eu" e os "jogos" é muito frequente. Muitos jogos são praticados ao nosso redor. Conjuntos complexos, não necessariamente claros e cujas regras nem sempre conhecemos. Aliás, além de não termos de fato iniciado essas regras, nem sempre as apreciamos.

Meu Eu nos jogos

No trabalho, não se confunda com o que você faz. Assim como não há desafio identitário no escritório, a vida coletiva de uma casa também não define quem você é. Tampouco o que acontece em um jardim de infância. Reconheça que você não pode ser reduzida ao que faz no cotidiano, mesmo que se expresse por meio de suas ações. Se quiser mudar as regras do jogo, será obrigada a conhecer suas motivações e mecanismos.

Compreenda as regras de todos esses jogos que são praticados e, às vezes, tecem suas teias ao seu redor. Assim, você poderá manipulá-los à sua maneira. Saber jogar com os jogos significa desenvolver um potencial de subversão. A arte sutil de nunca fazer o que esperam de nós. Desvendar o jogo dos outros para jogar o seu, como se nada estivesse acontecendo. Ao desenvolver o senso de observação e a arte do diálogo, você conseguirá dar nomes aos jogos praticados à sua frente. Esses são os preâmbulos para que depois consiga imprimir sua marca pessoal no jogo.

Fique zen. Você não é legível. Ninguém vai acusá-la por "jogar" os jogos, pois todo mundo participa deles seguindo um acordo tácito e coletivo. Denunciar o jogo dos outros significa desautorizar a si mesma. Ninguém lhe dirá: "Ah, você está aplicando as técnicas de influência... Veja só, você entendeu as regras formais e informais e sabe utilizá-las corretamente..."

Identifique as mitologias ao seu redor. Saia das narrativas que a aprisionam. Às vezes, os jogos dos outros parecem fábulas, histórias nas quais eles lhe fazem entrar mais ou menos à força. A interface existente no conjunto dos jogos individuais está contida no jogo coletivo. No trabalho, os jogos são chamados de estratégias de aliança e de cultura interna. No ambiente familiar, os jogos são as palavras não ditas, funções habituais das quais já não se consegue sair além dos rituais impostos.

Alguns a acusarão de jogar os jogos deles, em modo espelho. "Você nos manipula... Você falou com o chefe de propósito para... Achei que pudesse contar com você, mas você só pensa em si mesma e em sua ambição pessoal... Você colocou a equipe contra mim..." Ou, em outro registro, os amigos e os filhos. É o início de uma forma de perversão, no sentido de alteração, para desviá-la de si mesma, desestabilizá-la e desnaturá-la. Sendo subversiva, você restabelece a ordem natural de seu equilíbrio pessoal. Retoma a posse de si mesma. Gerencia suas aparições nos jogos dos outros.

Sobre o jogo e a audácia

Antecipe suas aparições concretas neste mundo. Influencie seus avatares. Não perca o controle de suas mudanças, de suas transformações, da maneira como você assume uma posição e de suas entradas e saídas nos diferentes lugares que frequenta – escritório, espaços de lazer, casa etc. Autorize-se essa audácia se deseja entrar na subversão e gerir toda a sua força. Audácia é enraizamento. É a escolha deliberada de uma posição. Ela a ajuda a assumir seu lugar em um mundo multidimensional e impossível de controlar. Influir sobre a forma de seus avatares nesse mundo é a primeira audácia a se autorizar. Um prelúdio à subversão. É outra maneira de se preparar mentalmente. Sempre somos vistas, ainda que sem perceber. Sempre somos pegas nos jogos de outros "eus" que não são os nossos. Em casa ou com os amigos, identifique as mitologias. Saia das narrativas que a predeterminam!

A audácia protege. Ela é uma disposição para ousar, dar provas de intrepidez, de coragem, de gosto pelo risco. Fazer algo novo, de maneira diferente. Vencer os próprios medos para experimentar o exercício de sua força plena.

Ative sua audácia quando não ousar avançar à luz do dia, ser a primeira, ultrapassar as suscetibilidades espalhafatosas dos egos que a cercam, pronunciar a frase que a liberta, abandonar uma situação inextricável, reivindicar o valor do seu trabalho, dizer "não", mudar de rumo, fazer o que não é esperado, ser inédita. Desde de manhã até a noite, identifique todas as conversas que a desgastam, a cansam, impactam seu gosto pela vida e seus desejos de explorar algo novo. Perceba os minutos em que você cede a uma rotina convencional, às exigências profissionais de seu ambiente, a crenças paralisantes como "meus superiores são mais importantes que eu".

Pense nos momentos em que seus colegas parecem mergulhados em um DNA diferente ou "conectados diretamente ao universo"; ou ainda nas advertências que requerem sua disponibilidade, as "responsabilidades familiares" que a sobrecarregam e a fazem sentir-se culpada, os *desiderata* (os desejos) incessantes das pessoas que a cercam e as pressões sociais. Mude a rota! Você não será uma traidora por se escolher ao se dar a possibilidade de outra forma de liberdade. Ouse ser inovadora.

Para trabalhar sua capacidade de ser audaciosa, diga a si mesma: "Escolho minhas vidas. Meus momentos. Para lá não vou. Não fico onde tropeço ou tenho a sensação de estar parada."

Aprecie a experiência de fazer coisas que você não conhece e que nem sequer teria considerado fazer, para que isso se torne uma prática cotidiana. A cada dia, observe a maneira como maneja e movimenta seus cursores: no trabalho, com as pessoas que lhe são próximas, com seus familiares, seus amigos, em todas as suas atividades e compromissos. Posicionar-se fora dos próprios hábitos permite iniciar um novo jogo com sua liberdade. Fazer concessões e testar o desconhecido para sair das paisagens já trabalhadas e percorrer paisagens não domesticadas.

A audácia regenera a energia vital e desenvolve qualidades da alma que incentivam a realizar ações difíceis e a assumir riscos. Ela mantém a juventude em si, o gosto pela aventura e protege contra toda forma de restrição. Faz saltar para fora do parque temático e não se deixa aprisionar. Causa uma ruptura positiva. Cria e protege das veleidades da clausura e do aprisionamento. Poupa e nutre uma forma de ousadia interna, bem como uma visão mais positiva e ampla do mundo. A audácia imuniza contra a escuridão. É o ímpeto renovado da subversão. Ela magnetiza as trovoadas.

Viver no clima da subversão

> Viver não é esperar que as tempestades passem,
> é aprender como dançar na chuva.*

Os fluxos energéticos são um dado natural. Climatologia interna e climatologia externa se refletem, convergem ou divergem. A observação dos efeitos de espelho entre ambas lhe lembrará algo que já sabe: a condição do tempo é passageira. Tempestades ou bonanças, dias ensolarados ou manhãs de inverno sempre passam. Assim como as emoções, são apenas uma inclinação do céu. Eles lhe atravessam sem mudar sua essência profunda. Perturbam, empurram, deslocam, mas você pode preservar sua

---

* *A priori*, essa citação seria de Sêneca ou de Gandhi. O essencial é o sentido metafórico de sua importância.

unidade. Fenômenos e condições climáticas têm o poder que você lhes dá. São uma passagem transitória.

Mudar o clima interno

A subversão começa com um estado de espírito, uma mudança de atmosfera íntima e a escolha de um ambiente interno. Ao se autorizar a prática livre da subversão, você se posiciona em outra climatologia. As emoções serão os primeiros indicadores do que você sente ao se colocar sob o céu da subversão. Sua leitura lhe revelará, em primeiro lugar, a área onde você está situada: estresse, medo, sentimento de ser uma *outsider*, vista como alguém à margem, cólera, silêncio autoimposto, reserva, impaciência, frustrações, desejos reprimidos, aspirações eufemizadas.

Mudar de território lhe permitirá encontrar respostas para suas necessidades emocionais: "Por que estou sempre estressada? Por que não gosto de mim o suficiente? Por que cedo aos outros? Por que prefiro não dizer nada? Por que não mudo de trabalho? Por que os outros são sempre mais importantes do que eu? Por que deixo que me tratem desse modo? Por que não fui embora quando podia? Por que renunciei a...?". Habitar o território inédito da subversão é compreender que nada é irreversível, que tudo é passageiro como o clima. Consequentemente, tudo é sempre possível. A subversão é o contrário da fatalidade, é uma abertura constante para a modificação do real. É uma viagem a novos territórios.

Nesse itinerário, será mais fácil ser subversiva se você assimilar que as emoções são transitórias e que, ao ser subversiva, desencadeará outras emoções, em si mesma e nos outros. Por exemplo, você está terminando uma refeição em família, no auge de uma conversa. Sem desgrudar os olhos do *smartphone*, sua filha lhe pede para trazer o café e é apoiada por alguns homens e mulheres presentes. Você já está quase se levantando, como sempre. Seu primeiro reflexo seria deixar a mesa durante uma conversa na qual contava um acontecimento importante que lhe ocorreu no trabalho. Você está acostumada a essas rupturas nas quais passa bruscamente para o segundo plano. No momento em que se prepara para se levantar e, assim, deixar-se "apagar", você muda de opinião. Torna-se subversiva ao escolher permanecer em seu lugar e continuar sua conversa, pedindo para outra pessoa buscar o café. Você provoca certa surpresa ao seu redor, desfazendo as expectativas e se posicionando internamente em outro estado de espírito. Percebe uma forma de reprovação implícita nos olhares que pousam em você. Ao mesmo tempo, você se libertou, descobre que deu um passo em direção à subversão e que o mundo não desabou. As emoções geradas nos outros se atenuarão, e você terá clareado seu céu interno.

Ao ousar a subversão, ao mudar de atitude e optar por um comportamento diferente, você será levada a sentir-se em dissonância com seus interlocutores e até rejeitada. Sempre ficamos sozinhas quando nos inclinamos para a subversão.

Imobilizar-se sob seu guarda-chuva significa permanecer no lugar que lhe foi designado. Dançar na chuva significa ser livre.

Observar as pequenas pedras

Ao passear nesse novo território, a observação das pequenas pedras – *scrupulum* –, que crepitarão sob seus passos e os desacelerarão, será a chave de tudo. Sob as sandálias, as pequenas pedras. As hesitações entravam a caminhada e a mobilidade. Elas provêm das formas aprendidas de culpa por não ter se mantido no lugar imaginado e sugerido pelos outros, por não ter demonstrado o comportamento esperado. Afugentar os escrúpulos de todo tipo, que são vetores de imobilismo, derrubará as barreiras invisíveis que a impedem de avançar.

Por exemplo, quando você lê o anúncio atraente de um emprego que a faz sonhar, sua primeira reação é dizer: "Vou me candidatar, foi feito para mim! É o emprego que eu queria... mas..." De repente, alguma coisa estala sob seus pés e em sua mente. Você ainda hesita, uma reserva a impede de agir plenamente. "Será que vou conseguir?" Modifique sua voz interna, que não vem de você, mas de outros lugares. Alguns vestígios da educação, um resquício de síndrome dissimulado aqui e ali. Lembre-se do prazer que sente ao fazer o que faz, de se realizar, ir mais longe, assumir riscos que têm o gosto da liberdade e o sabor da autoafirmação. A pequena pedra se dissolve, e você volta a viver plenamente. Você mudou seu clima interno.

Os escrúpulos são inibidores que, como nuvens negras que se amontoam, freiam todo impulso, toda mudança positiva de climatologia. Transforme-os em diamantes. As hesitações dão início a dúvidas sobre as ações a empreender, sobre as posições a assumir ou condutas a seguir. A inquietação não pode ser confundida com a lucidez e a clarividência. Diga a si mesma: "Seria isso um cascalho ou uma pedra de verdade?" Colocar-se em boas condições internas para exercer sua subversão implica educar as próprias percepções. Distinguir o real do imaginado. Detectar seus filtros e olhar o que é observável. O olhar interno mudará o olhar externo. Filtrará o véu de nuvens para acessar a luz.

Libertar a própria marcha. Escolher com acuidade a orientação de seus pés. Físicos, imaginários, os passos sonhados e projetados ajudam a percorrer nossa viagem pessoal e facilitam nosso enraizamento na ação. Toda mudança, simples assim, é iniciada por uma dinâmica pedestre. O movimento enraíza o corpo simples assim. Levantar-se, colocar-se sobre os próprios pés, rechaçando todos os escrúpulos. Sentir o peso de bronze nos religa à terra e nos consolida neste mundo. Confiar na própria marcha. Marcha vem de *marka*: fronteira, limite, limiar, entrada. Enraizar-se ao avançar. Sob um céu sem nuvens, entrar na dança da subversão. Criar seus próprios jogos e figuras.

Ir mais longe na subversão. Vejamos em que momentos e de que maneiras você poderá utilizar melhor essa força de transformação em seu benefício. A subversão a ajudará a ser você mesma por inteiro. Para entrar plenamente na subversão e cultivar esse conhecimento íntimo de maneira contínua, é essencial não apenas ser você mesma, mas também ser levada mais longe pela subversão. Ela a libertará por completo dos artefatos e das ilusões dos pensamentos estereotipados e redutores dos parques temáticos de uma sociedade-cultura que você não pôde construir como agente livre. A subversão desloca, move. Induz uma mudança de estado de espírito, um modo incomum de considerar seu ambiente e de agir. No instante *t*, eu me esquivo do que esperam de mim, do que eu teria feito espontaneamente ou ainda do que penso ser minha obrigação fazer. Mudo minha comunicação, minha postura. Utilizo palavras diferentes, uma sintaxe particular, pois na língua se lê a ordem simbólica do mundo. Comporto-me – ou me visto, caso seja esse o veículo que escolho em um primeiro momento – de modo inédito, pois minha percepção se modificou e minha intenção mudou. Meu olhar em relação a mim mesma e ao mundo se colore com o prisma da subversão. Salto majestosamente para fora do parque, para fora do recinto de meus hábitos e dos lugares que me foram designados. Desprezo o olhar alheio. Não tenho mais dono.

Uma situação que se arrasta? O início de uma reviravolta? Um desejo de ser criativa, de inovar, de quebrar os códigos? A necessidade de ter um tempo para si mesma? De pensar para além do que foi estabelecido? Abra brechas para um horizonte mais amplo. Utilize seus recursos disruptivos. O canto da subversão é a disrupção. Com seu cortejo de movimentos, rebeliões, revoluções, iniciativas, rupturas felizes e positivas*. A

---

* A subversão tem um potencial disruptivo. Toda subversão é disruptiva,

subversão se apoia na energia da disrupção. O momento em que você tem necessidade de ser disruptiva marca a hora da subversão. Sua chegada pode levar apenas alguns segundos. Uma palavra. Um gesto. Um silêncio. Um olhar. Uma recusa. Um verdadeiro "sim". Um instante que você deseja viver de forma diferente. Um contexto que não lhe convém mais. Uma postura para encontrar, algo novo para tentar.

A subversão desvela interstícios para ultrapassar as barreiras, ser hábil, inverter uma relação de força. Ela "alquimiza" com o que lhe é dado, aonde você está. Abre passagens inéditas em florestas de palavras. Criatividade, audácia e inovação são as três Graças que a acompanham.

---

mas nem toda disrupção é subversiva. Para as mulheres, a subversão comporta um desafio identitário com um forte alcance político, cultural e simbólico.

VIAJAR NA SUBVERSÃO

> Cada um é para si mesmo o mais distante.*
> FRIEDRICH NIETZSCHE

Lembre-se: a domesticação é um simulacro, uma imagem e uma representação distorcida do que as mulheres deveriam ser para que se conformem às normas de regulação social impostas pelos homens. Uma aparência que se assume como sendo a única realidade possível. Um fenômeno de superfície que se solidificou nas políticas, governanças, organizações e que impregnou todos os estratos e corpos da sociedade-cultura. Uma presença que também sabe permanecer secreta, dissimular-se na intimidade de um lar, de uma

---

* Friedrich Nietzsche, *La Généalogie de la morale* (A genealogia da moral), Paris, Gallimard, 1971, p. 8. (Folio Essais 16.)

relação filial, amorosa ou ainda no trabalho. Uma hipocrisia, uma encenação. Ela se revela nas ambiguidades, nos paradoxos e até mesmo além dos estereótipos que nos inundam de todos os lados por meio das mídias.

Desmascarar o jogo de máscaras com maestria ou como assumir uma aparência para se passar por...

A domesticação é uma farsa que se disfarça sob os traços da civilização. Ela diverte, atordoa, faz você se afastar de si mesma, de seus centros de interesse, dos lugares onde pode verdadeiramente agir. Você é distraída e iludida por máscaras costuradas pelas mãos dos domesticadores. As mulheres foram enganadas pelo que o extrabiológico vendeu a elas. A mercadoria é enganosa. Você pensa que, se acaso voasse, poderia ser Ícaro* e cair mortalmente nas águas?

O jogo de máscaras é um fingimento e uma simulação. A imaginação sopra como um vento de libertação que desvela outra realidade possível, e não o peso daqueles que se arrogaram o direito de decidir o que deveria ser a realidade das

---

* Na mitologia grega, Ícaro é filho do arquiteto ateniense Dédalo, construtor do labirinto do Minotauro. Ao escapar do labirinto com asas de cera e penas, criadas por seu pai, Ícaro voou muito perto do sol e acabou caindo no mar, onde morreu afogado.

Essa referência aparece como um questionamento da autora diante dos medos que podem aparecer quando os códigos são quebrados e a subversão é praticada. Colocada desse modo, essa questão nos leva a pensar nos riscos que realmente corremos quando nos propomos a quebrar os códigos e sair do labirinto de constrangimentos e imposições a que somos submetidas como mulheres há milênios. Como escapar sem cair no mar e se afogar? A resposta é: através da subversão. (N. da RT)

mulheres e suas condições de existência. Tudo o que a desvia de seus desejos profundos provém da farsa. É preciso entregar-se, através do ponto focal de sua liberdade intrínseca, ao que é mais importante e não custa nenhum esforço. Deixar-se simplesmente deslizar em si mesma, em sua essência, tal como a intui e sente. A liberdade orienta a imaginação, e a imaginação orienta a realidade. A liberdade é o contrário da farsa. A liberdade desbloqueia a energia e a força. A confiança está em sua própria liberdade e na fé em seus sonhos.

Desmascare o jogo de máscaras. Surfe na metáfora. Saiba assumir a aparência de... para se passar por... Trata-se de outro meio de instilar a subversão. *Assumir uma aparência para se passar por...* é uma fórmula mágica que vai do jogo burlesco ao "eu" identitário. Imagine e antecipe a realidade que está por vir. Aja como se já estivesse nela. Você visa o cargo do seu chefe? Sente-se à mesa certa. Penetre os círculos adequados, mesmo que ainda não possua o mesmo *status*. Utilize o vocabulário apropriado e verá... você consegue! Incorpore as roupas, a voz e o estilo do cargo que você cobiça. Não é muito ético? Acima de tudo, é útil e eficaz. Você sempre esteve cercada por encenações mais ou menos autênticas. É o jogo das aparências e o desafio de toda postura. Esse recurso é tão próximo do blefe que pode assustar, mas a realidade concreta lhe mostra permanentemente centenas de exemplos que dão outro nome a essa exposição de si mesma: ambição, fé inabalável. Agradando ou não, isso existe e funciona.

Quanto aos parques temáticos e aos estereótipos, comece por mostrar que você não é mais sensível a eles. Já está em outro lugar, em um espaço em que nem sequer precisa saltar para fora do parque para ser livre. Sua imunidade é um diamante que você segura na palma das mãos. Você está livre da necessidade de se libertar. Você chegou lá! Tornar-se subversiva significa não apenas observar ao seu redor e apontar o dedo para denunciar o maquiavelismo e a audácia dos outros, mas também utilizar a fórmula para si mesma, com discernimento, precisamente contra as manipulações, os enclausuramentos e as reduções. Sua ética estará onde você escolher colocar o cursor, em sintonia com seus valores pessoais e necessidades. Trata-se de uma arbitragem que depende do íntimo e das trincheiras nas quais seu círculo de amigos e ambiente profissional a levam a posicionar-se.

Cuidar da própria postura

Para *assumir uma aparência para se passar por...*, trabalhe sua postura. É um estado de espírito, uma atitude e um comportamento para você se posicionar perante os outros, ao sabor das situações.

A postura é uma interface dupla: com os outros e com você mesma. Isso a torna complexa. Em primeiro lugar, ela a enraiza em sua intimidade pessoal e no autoconhecimento, lhe dá uma densidade que a fortalece. Ativa ou passiva, marca o indício de sua presença entre seus semelhantes e testemunha como você se afirma em campo. O modo como você desenvolve sua confiança no sentido etimológico e "se compõe": consigo mesma e com os outros.

Ative sua postura. Dê corpo e movimento a seus desejos, suas vontades, suas necessidades nos lugares em que quer estar e da maneira como quer aparecer. *Idem* quando não tiver outra escolha a não ser estar onde se encontra.

Fique firme. Esse é o sentido da postura. Suas margens de ação e de manobra se situam na escolha íntima de sua postura.

A postura, dupla interface consigo mesma e com o mundo

Se a interface com os outros é sempre aleatória – pois eles, como você, não controlam 100% de suas posturas, tampouco seus efeitos –, concentre-se em sua vida interior e em seus movimentos para depois traduzi-la da melhor forma em sua atitude e comportamento. Então, faça uma escolha. Cidadela inatingível, escudo, interface *high-tech*, flexibilidade, "furtividade", apesar da transparência. Brinque com essa paleta. Faça ou desfaça uma fusão com o real e seu território – trabalho, casa, filhos, amigos etc. – ou se desvincule deles, à sua maneira e de acordo com suas necessidades.

Sua postura também é a prova de que você não é um epifenômeno – um fenômeno de superfície em sentido próprio – e de que seu corpo e sua personalidade pertencem apenas a você. Sua postura é um processo de apropriação de si mesma. É nessa consciência que você pode instilar a subversão. Ela lhe permite manter-se em pé onde se encontra, no centro de equilíbrio de sua vida, onde se sente bem.

A postura também é um movimento, o modo como você se move e evolui no espaço. Ela remete à posição de seu corpo, voluntária ou não, à maneira como ele se faz notar e se distingue por meio do seu gestual. O corpo, que muitas vezes é um tema tabu para as mulheres, ora visível demais, ora invisível. Desse modo, sua postura lhe permitirá engrandecer e ultrapassar a estigmatização estereotipada das aparências. Sua postura reflete sua atitude mental e física.

Você a constrói trabalhando sua coerência pessoal, sincronizando os diferentes aspectos de sua personalidade. A coerência pessoal é o resultado de uma ausência de ambiguidade entre o que se pensa, o que se deseja mostrar e o que se emana.

Tenha em mente que é importante entrar em sintonia consigo mesma para estar afinada com todas as suas dimensões. Sua postura é sua marca e sua visibilidade. Uma forma de assumir que você é plenamente percebida, vista e visível, de aceitar isso sem querer ser aplaudida ou amada a qualquer preço. Contudo, ser visível não significa ser legível. Você não é um livro aberto – esqueça de uma vez por todas a síndrome da transparência –, sua mente não é de vidro. Ninguém nota as demais cores que desfilam no azul de seus pensamentos. Às vezes, isso é o que impede as mulheres de assumirem totalmente suas posturas. O medo ou o temor de serem vistas e, portanto, julgadas e avaliadas, sob o peso do olhar dos outros. Esse é o jogo. Ninguém escapa! Assumir sua postura não a torna transparente quanto a seus sentimentos internos nem quem você é, pois a postura nos enraíza. Ela mostra, mas não desvenda tudo se você souber trabalhá-la e encontrar sua maneira de ser e sentir-se à vontade com ela.

Sua postura lhe permite ser reconhecida em sua especificidade. Ela é o que emana de você; reflete seu ambiente pessoal e sua presença. O sentimento que você tem de sua postura age como uma bússola e a ajuda a orientar-se. Você reajusta e clarifica seus limites frente aos demais. Cria sua atmosfera nas áreas de interação com os outros; interfaces que às vezes serão inegociáveis para você.

Nesse sentido, sua postura a protege quando impede que os outros a arrastem para lugares, palavras e comportamentos que você não deseja. A postura é seu instrumento de navegação. Ela também se constrói, pois é feita, ao mesmo tempo, de reflexão e recuo: ver o que está diante de seus olhos, de autoconhecimento, de compreensão do seu ambiente e de espontaneidade. Esses são os ingredientes da postura; às vezes, a receita é mágica, outras vezes, não dá certo. É preciso recomeçar.

Uma postura forte age como um quebra-vento contra as manipulações. Ela a ajuda a permanecer alinhada com suas ideias, a forjar sua coerência, a ultrapassar os estados transitórios da ambiguidade. As margens estacionárias entre o que se pensa, o que se emana e o que se mostra. A postura é uma força e um recurso pessoal no qual você pode se apoiar internamente. Ela é um refúgio: seu porto seguro. Está ligada ao jogo das aparências, que podem levar à impostura e tirá-la dos eixos, como se você saísse bruscamente do mundo, da cena principal, do clube onde todos os jogos são praticados. Talvez os outros não sejam o que parecem ser e, *in fine*, você também não... Sua postura se metamorfoseia em um aparato que serve tanto como proteção quanto como arte do blefe. Em ambos os casos, cuide de sua habilidade. Assimile a ideia de que escolhemos o que emana de nós. Essa é uma das facetas da liberdade.

Se estiver "redondamente enganada", fora da realidade, da conexão com seu corpo e da postura, você irá perceber, pois leva consigo uma ecologia pessoal. Ela não lhe foi dada pelos outros como condição *sine qua non* para existir. Embora eles participem dela e contribuam para seu conteúdo e forma em diferentes níveis, é você quem dá o tom e escolhe o que quer mostrar aos outros.

A postura permite que você seja situacional e se adapte. Ninguém escapa dela. A escolha de não ter uma postura já é uma postura. Fingir que não a tem também é. Ficar com cara de paisagem, fundir-se à invisibilidade, andar pelos cantos, calar-se de propósito ou parecer desfocada também são posturas. Ninguém escapa da interface com os outros, que, de todo modo, lhe atribuirão uma postura. Assim, é melhor trabalhá-la a partir do ângulo libertador da subversão. As mulheres que dominam essa interface estão presentes no jogo das aparências e conhecem muitos segredos...

Toda postura requer qualidades de alquimista. Ela é preparada mental e fisicamente. O alquimista sabe jogar com as sombras e as luzes criadas por sua postura. Articular suas bússolas e referências. Aceitar também as pausas, os silêncios, os momentos de vulnerabilidade, os pontos cegos. Ser ágil e flexível e mudar de rota, de expressões e de posicionamento. Uma postura se compõe, ela não é uma carapaça nem um exoesqueleto, mas uma alquimia com seu ser, seu humor do momento, os atores presentes, sua vitalidade do dia. Ela tem um clima próprio. Seus humores e efeitos são imprevisíveis. Toda postura é situacional. É o produto de sua adaptação e capacidade de afirmação. As mudanças de postura são, ao mesmo tempo, físicas e mentais. Seu corpo acompanha sua mente. Ele pode até ajudar você a sair de uma situação mediante um movimento adequado.

Sublimar a arte do blefe

Utilize a arte do blefe quando for necessário consolidar sua posição, mantendo a boa postura. O blefe é uma tática que visa a fazer os outros acreditarem que o jogo que está sendo jogado é diferente daquele que verdadeiramente se joga. É a tática das falsas aparências. Trata-se de influenciar as ideias que os outros fazem a respeito de nossas intenções. No trabalho, a arte do blefe faz parte dos "jogos" praticados. Atitude de intimidação destinada a enganar alguém para surpreendê-lo ou impressioná-lo. Brincar com as emoções, demonstração de força pela cólera, uma voz firme, ou exercer uma chantagem disfarçada que denota pressão. Certamente você já teve essa experiência e a observou várias vezes ao seu redor.

Você pode jogar com inteligência e sublimar a arte do blefe. Seja sutil. Saiba fazer um uso consciente do burburinho e dos rumores.* Como o alquimista que aprende a jogar com as sombras e as luzes criadas por sua postura. A noção de blefe também remete à expressão de uma atitude que causa sensação e se impõe. Sobressaia-se ao saber jogar a isca e

---

* É interessante notar que o termo "rumor" vem de *rimur*, que correspondia ao barulho produzido por um exército em marcha, ou de *rumorem*, barulhos vagos que se aproximam.

usar a mistificação. Crie zonas nebulosas quando precisar sair de situações ou de impasses, para se esquivar de um jogo que não lhe agrada, mudar de rumo e de orientação.

Finja que se alinha às mesmas ideias, mesmo que não seja verdade, para que a deixem em paz. Jogue com dissonância e a ambiguidade: entre o verbal, o paraverbal, o não verbal e as ações que você realiza. Conscientemente, cause uma interferência nos radares e nas intuições dos outros. Às vezes, esse é o único recurso. Você está inteira atrás de seu escudo mágico. Poupa-se para permanecer intacta e livre. Assim como aprende a ser clara em suas palavras, aprenda a ser opaca, criando mistérios ao seu redor. Nuvens cognitivas. De certo modo, o blefe nos inicia no mistério das aparências. Ele magnetiza essa arte suprema que ninguém possui nem domina totalmente. Um jogo de espelhos colocados em nosso caminho.

Por exemplo, no trabalho, procure fazer parte do ecossistema dos eleitos pelos superiores hierárquicos. Utilize com estilo a figura do falso especialista quando necessário. Eles são muitos ao seu redor. Posicione-se no lugar que pretende ocupar para apropriar-se, sem esperar que a coloquem nele. Quer mais tempo em casa? Comporte-se como se fosse de fato uma mulher livre, para além do mínimo de suas responsabilidades. Isso significa: evitar sobrevalorizar a importância dos obstáculos, a palavra dos outros, não dar valor às limitações, ao peso de uma situação, seja ela pessoal, familiar ou profissional; é agir expondo o postulado irredutível de sua absoluta liberdade interna. É manter seus valores intactos, abrigados dentro de si, sem que os outros tenham o direito de dizer algo a respeito. É aprender a se preservar para desenvolver todas as suas possibilidades. Assumir a aparência de... sem culpa nem medo de passar por uma egoísta – ter um ego, um "eu" pensante, é o mínimo para existir, para mudar o rumo.

A subversão muda sua relação com o mundo. Ela modifica suas relações interpessoais, o modo como percebe seu entorno, como decifra o que se esconde e estava implícito até então, subterrâneo e inacessível à consciência e aos sentidos. A partir dessa modificação do olhar, que aguça suas percepções de maneira diferente, você não entra mais nas mesmas lógicas de representação.

Seu limiar de tolerância mudará radicalmente em relação a formas de restrição, obstáculos e imposições. Ele diminuirá. Você não aceitará mais o engano. Dê-se ao luxo de utilizar todos os jogos disponíveis. O parque temático volta a ser bárbaro no sentido etimológico, totalmente estrangeiro, e você não quer mais falar sua língua.

Nutrir seu senso de subversão aguça suas exigências e aspirações por qualquer outra coisa. Toda consciência subversiva é uma demarcação, uma mudança de território.

A arte da cena subversiva

Você tem direito a se realizar pessoalmente. A autorrealização reside em um lugar protegido, onde você pode sentir-se em segurança. Você é capaz de ativar sua força, mesmo estando em um mundo ainda fabricado pelos homens. Escolha seus artefatos, o cenário e o figurino. Aprenda a fazer saber e a fazer valer. Falar sobre si mesma é a escolha de uma estrutura narrativa a partir de sua personalidade, valores, desejos e opções. É algo inevitável. Em vez de deixar que os outros lhe deem uma forma, saiba falar sobre si mesma. Reaproprie-se de sua história.

A arte da distração

Com discernimento, aprenda a distrair as pessoas ao seu redor. Desvie a atenção. Saiba tornar-se visível e invisível. Seja uma ilusionista e engrandeça a arte do *stand up*. Tornar-se uma miragem. Desaparecer, praticar a grande ilusão. Brincar com os efeitos do espelho, os paradoxos visuais e perceptivos. Saber deslocar sua imagem ao outro extremo da Terra. Estar aqui estando lá, em outro lugar. Ser um barco em um deserto. Inverter os equilíbrios gravitacionais para trabalhar seu coeficiente de atratividade de outro modo. A ilusão de óptica e o jogo de luzes e sombras lhe serão úteis. Causar ilusão também é uma questão de subversão.

O mesmo ocorre quando se trata de aprender a fazer o mínimo. Pense que, potencialmente, a árvore pode se passar por uma floresta. Maneje a habilidade minimalista. Saiba fazer o mínimo possível e obter o máximo de impacto, libertando-se das gaiolas douradas da servidão voluntária ou imposta.

Lembre-se dos mantras, dos guardiães de sua força subversiva. Não estar em uma busca incessante pelos outros. Não se perder na dependência dos outros. Não esperar que os outros lhe digam quem você é. Não esperar dos outros o que eles não podem lhe dar: o amor-próprio. Pré-requisito para a liberdade de ser e de pensar.

A partir disso, brilhe ao aparecer. Seja engenhosa. Sirva-se de todo o espectro da comunicação. Do mais fútil ao mais sutil. As onomatopeias, os *hã-hã*, o olhar que mergulha à sua frente, repleto de uma profundidade insondável para o outro, a começar por você. Os silêncios. As frases enigmáticas que, aparentemente, não fazem sentido, mas servem àqueles que sabem pronunciá-las com a entonação correta. *Nesse nível, pouca coisa faz diferença.* O sorriso que satisfaz. As sobrancelhas em sinal de alerta. Focalize um ponto para esconder o resto. Mantenha sagrado o seu infinito particular. Em sua própria linha de realidade, decida as formas de suas aparições, bem como as condições de sua permanência. A árvore pode esconder uma floresta sonhada ou ainda o sonho de uma floresta.

Sem hesitar, pratique uma arte que muitos homens utilizam com facilidade para se impor e se salvar de uma situação ou embaralhar as cartas. Utilize com discernimento frases vazias de sentido realmente profundo para causar um curto-circuito em seus interlocutores. Deixe-os acreditar que você domina um tema ou uma situação, mesmo que não seja verdade. Pratique a hábil arte da camuflagem com palavras escolhidas. Autorize-se a jogar com todas as modalidades da linguagem sem culpa, sem acreditar que está perdendo sua alma. Não há nada de profundo nem de vital em jogo, e você continua sendo alguém de bem.

Nem que tenha de recorrer à pedagogia do exemplo inexistente. Às vezes, vale a pena apoiar-se em coisas que não existem para demonstrar e reforçar sua fala. Seu interlocutor se sentirá em posição desconfortável por não conhecer a referência e lhe deixará o terreno livre. Isso permitirá a você restabelecer certo equilíbrio. Essa é a delicada arte de lançar uma cortina de fumaça. Dar provas de pedagogia e assegurar suas retaguardas. Ninguém gosta de não conhecer. Não se trata de fazer apologia do vazio, mas o vazio ocupa muito espaço em determinadas horas...

Aprender a comunicar sobre nada

Aprenda a comunicar sobre nada. Brinque e se divirta com três mensagens que dão o que falar: o nada, o comum e o extraordinário. Aprender a dizer sem dizer é um tipo de habilidade.

Permita-se usar a microlinguagem. Pare de se submeter continuamente a provas orais e de falar apenas para dizer coisas inteligentes e dar respostas corretas para ser validada, aceita e amada. Essa é uma posição insustentável e não natural. Volte a ser leve e livre. Aprimore sua comunicação dia após dia. Experimente mais nuances. Não entre no estereótipo da demonstração permanente. Esqueça a importância de ter que assegurar seus interlocutores sobre o fato de que você não é uma mulher fútil.

Aprenda a ser leve com magnificência. Liberte sua relação com a linguagem; assim, você libertará sua relação com os outros. Jogar não é um artifício, e sim parte integrante de nossa condição humana. O jogo reflete o leque de todas as composições e combinações possíveis de nosso comportamento. Você precisa de ar, de oxigênio, de uma amplitude maior em suas ações e movimentos. Precisa aprender a jogar com regras que você ajustará ao observar os mecanismos aparentes e subjacentes dos lugares em que se encontra. O jogo – já dizia Sartre – é o primeiro poema da existência. Nossa relação com o mundo se realiza por meio do jogo. Quanto mais reduzido e limitado, mais pobre ele é. O objetivo é conhecer a própria estrela* e escolher as condições para fazê-la brilhar.

---

* Referência a Baltasar Gracián em *L'Homme de cour* (Oráculo manual e arte de prudência), Paris, Gallimard, 2010, p. 458: "O destino faz e desfaz como e quando lhe agrada. Portanto, cada um deve estudar a si mesmo para conhecer seu destino e sondar sua mente, da qual depende toda perda ou todo ganho". Para não "perder a estrada que lhe indica a estrela do Norte", o jogo é a manobra que mudará a orientação das

Dominar essa arte da encenação lhe permitirá sair dos parques temáticos, assumir seu lugar, estar paradoxalmente mais próxima de si mesma, pois você fará mais diferença entre o palco do mundo, com suas réplicas, peripécias, textos improvisados, repetições, e o palco privado de sua intimidade, na qual suas verdades internas se expressam. A subversão navega entre ambos, com a consciência aguçada de uma interconexão contínua entre esses dois campos. Não podemos ser reduzidas a um nem a outro. Como eles coexistem, vale mais jogar com seus vínculos estreitos.

No tumulto das aparências

Nessa arte da encenação, no coração vibrante do jogo das aparências e dos papéis mais ou menos impostos, em alguns momentos você terá de orquestrar as situações nas quais será colocada em xeque. Saber fracassar é outro modo de ser estratégica. Isso significa liberar espaço em um lugar preciso, subtraindo-se voluntariamente para investir em outra parte. Significa, por exemplo, fingir que "está perdendo" uma missão sem grande impacto para depositar sua energia em outro lugar e criar uma estrada mais rica. Fazer de conta que perdeu. Fazer com que acreditem que está abandonando o jogo para que a deixem em paz. Fingir que bate em retirada para voltar em seguida, por outros caminhos

---

possibilidades. Destino e *fatum* (fado) se entrelaçam a partir de situações nas quais nos encontramos, de nossa força de coexistência com elas, de resiliência e de transformação bruta do real.

e outros vieses. Você faz de conta que sai do jogo. Seu campo está livre de novo.

Em casa, não está obrigatoriamente nos lugares esperados com os gestos adequados, pois você aprendeu a organizar com maestria suas áreas de incompetência. De repente, estratégias para evitar e usar vias periféricas navegáveis tornam-se repentinamente atraentes para ajudá-la a sair de uma situação, da monotonia, de uma domesticação – ainda que leve, habilmente revestida e dissimulada –, de uma enésima justificativa inútil para saltar em horizontes mais convidativos, sem se deixar aprisionar por completo ou ser pega em alguma armadilha.

Parecer ou não parecer sobrecarregada

Inversamente, passar a imagem de que você está sobrecarregada é outro procedimento muito eficaz. Mostrar que está atolada de trabalho servirá para protegê-la, poupá-la, deixá-la livre, tranquila, indisponível e "imanipulável". Aprenda a arte de esquivar-se. Essa atitude, próxima da astúcia e da tática, desloca o campo das forças e marca os fatos de maneira diferente. Você poderá se dedicar a outras ações mais densas e importantes para você. Cultivar a própria ignorância permite vestir sua pele de asno* no momento oportuno. Dissimular a própria riqueza para não ser despojada. Escolher com quem compartilhar sua arte e como

---

* Referência ao conto *Pele de asno*.

deseja se vestir para impressionar. Além de poder escolher também não brilhar para se poupar e se resguardar. Quanto mais prescindíveis formos, mais livres seremos. Dominar as vantagens da inação: não fazer nem dizer nada. Não se tornar nem se achar sempre indispensável, pois isso entrava a própria liberdade de ser, de fazer e de pensar. Você acaba fabricando sua própria gaiola e dando aos outros as chaves de seu reino interno. Além disso, cria maus hábitos e expectativas ao conceder um poder sobre você que eles não têm. Faça a si mesma a seguinte pergunta: "Sou realmente indispensável e tenho vontade de sê-lo?".

Quando Pareto é meu amigo

Tanto no trabalho quanto em casa, mostre com habilidade que você não consegue mais dar conta da situação... Portanto, é inútil que os outros insistam e corram atrás de você. Precisam deixá-la em paz e livre. Se você achar que isso é excessivo, lembre-se da razão pela qual Pareto[*] será sempre seu amigo. Vinte por cento é a porcentagem que salva não apenas as carreiras. De 100% do tempo trabalhado, dedique 20% à divulgação. Aquilo que é percebido é mais importante do que aquilo que você sente e realiza objetivamente. A legitimidade passa por formas de visibilidade, o que pode parecer injusto, inapropriado, irritante... e demorado.

---

[*] Vilfredo Pareto foi um economista e sociólogo do século XIX, criador da regra 80/20. Ele observou que 80% dos efeitos de uma situação são produzidos por 20% das causas. Essa porcentagem se aplica ao *marketing*, à administração e às áreas da economia.

Torne-se visível, e você parecerá alguém legítimo. Permaneça na sombra e, mesmo que seja excelente, logo será esquecida, a não ser para entregar documentos àqueles, cujo rosto dourado se refletirá neles. Quanto mais corporativo e político se é, mais aumentam os 20%. Vinte por cento é o limiar mínimo do tempo que você tem de passar trabalhando para adquirir visibilidade, dar-se tempo, encontrar os outros, sair da prisão do serviço, da obediência, do dever, de passar da exigência desanimadora para a exuberância. Saiba jogar com os percentuais. Ninguém os quantificará em seu lugar. Em casa, 20% é sua zona de respiração para sair do modo sobrevivência. Quando você começa a respirar, se torna livre.

Sobre a arte de ser um kiwi

Se você delegar sua genialidade aos outros, se fizer brilhar seus superiores hierárquicos, faça-o de modo que isso lhe seja útil. Trata-se de um empréstimo momentâneo, e não de uma doação assimétrica – uma desapropriação. Semeie grãos que você possa recuperar no momento adequado. Não perca isso de vista. Torne-se única no momento propício. Aplique a estratégia do kiwi no cesto de maçãs. No trabalho, assuma seu lugar entre os outros.

Imagine que você é um kiwi. Ora, um kiwi não é uma maçã. Portanto, você não tem nada a fazer em um cesto de maçãs, mesmo que os outros a tenham colocado nele. Desenvolva a arte sutil de ser um kiwi em meio à multidão, retirando-se das caixinhas que causam estragos ao seu redor. Você não é um "contenedor", e sim um conteúdo. Não é um *open bar,* você é sua própria casa. Não leve em conta as generalidades estereotipadas, associadas a seu gênero. Nem todas as mulheres são maçãs intercambiáveis.

Em casa, deixe aos outros o cuidado de fazer tortas e outras sobremesas. Escolha ser uma fruta única em uma bandeja de cristal. Componha seu DNA. Escolha o lugar, o espaço no qual você evolui. Para obter "um quarto só seu",* torne-se arquiteta.

---

* Referência à obra de Virginia Woolf, *Um Quarto só Seu*.

Por uma mobilidade perfeitamente subversiva

Reconheça as situações que a sufocam. Aquelas em que você perde o fôlego e o espaço para desenvolver-se por completo. Encurralada em uma casa? Atrás de uma mesa de trabalho? Em um relacionamento? Um sentimento fugaz de impotência que acaba se tornando persistente? Uma falta de reconhecimento? Uma invisibilidade que você não escolheu? Pequenas vozes internas que a imobilizam?

Agora, você possui o potencial disruptivo da subversão. Está conectada a si mesma de outra forma. Você sabe de onde vem: sociológica, cultural e politicamente. Conhece a História das mulheres, e isso lhe dá mais força para construir sua história pessoal. Você possui um saber e uma memória nos quais poderá se apoiar. O feminismo é a consequência de uma civilização que funciona em duas velocidades. Uma vontade de sair do parque temático, de acabar definitivamente com o sequestro civilizacional com a domesticação vigiada. Uma vez totalmente reabilitadas no conjunto de suas dimensões como seres humanos, as mulheres sairão da reivindicação. Poderão "emancipar-se da emancipação", de acordo com as palavras tão pertinentes de Emma Goldman.* Terão não apenas saído do parque, mas também criado algo diferente.

A primeira etapa consiste em reapropriar-se de quem você é e, em seguida, de colocar-se em movimento. Você percorreu os corredores dos complexos e das síndromes de todo tipo. E o que resta, no final do dia, é um conhecimento único, uma prática de si, como um diamante que começa a brilhar apenas para você. Mexa-se! Mude de posição e, consequentemente, de postura. Emancipe-se de si mesma, e você terá o poder de se emancipar do outro. Quer esse "outro" seja a família, o marido, companheiro ou companheira, amante, colegas, amigos etc.

Ser sua melhor amiga

Saia do lugar que lhe foi designado ou que, como "boa aluna" e "moça simpática", você acabou se autoatribuindo. Você não é uma planta verde nem qualquer outro vegetal decorativo – que promove sombra no parque temático. Não se deixe transformar em um objeto de decoração. Desfrute de sua própria companhia. O saber começa em nós. Saber quem sou para ser justa comigo mesma, depois, com as pessoas de minha convivência e, assim, compor a partir de mim.

---

* Emma Goldman, *De la liberté des femmes*, Paris, Payot, 2020, p. 9.

Você se acompanha. Nos locais de *networking*, eventos, festas e passeios. Não está sozinha quando caminha nas ruas – mesmo quando o está fisicamente. Antes de tudo, você está consigo mesma e saboreia a prazenteira liberdade de pertencer apenas a si mesma.

Libere seu mental das metáforas e analogias sobre vegetais que reificam, imobilizam e a transformam em um objeto decorativo. Diga a si mesma: "Se eu me movo, é porque estou viva. Se me movo, é porque não sou uma árvore. Melhor ser um animal que foge e pula para fora de seu parque do que fazer sala em um vaso de barro".

Pausar, fugir ou acelerar

Pouco importam os obstáculos que se erguem à sua frente. Diante de um obstáculo, você tem três possibilidades: pausar, fugir ou acelerar.

A primeira possibilidade é uma decomposição mental da situação, mas se esta se prolongar demais, lhe fará perder tempo. Você é tomada de um sentimento de impotência e de complexidade insuperável. Ao congelar a imagem, percebe o obstáculo como uma montanha impossível de ultrapassar que você racionaliza por meio de um processo adequado. Sequenciamento, análise do problema, retroplanejamento. No trabalho, você considera uma sessão de *brainstorming* ou contratar um consultor externo para ajudá-la. Na versão pessoal, você chama seus melhores amigos, sua família e as pessoas próximas e explica a situação de todos os ângulos, mesmo que isso signifique entrar em uma fase de ruminação*. Ruminar é remoer e fechar-se inutilmente em modos estagnantes de pensamento. É empacar. Você não quer "estar errada". Perder um elemento que lhe teria escapado. Ser surpreendida com o fato de estar enganada. Sofrer a humilhação de um fracasso. O tempo que corre a imobiliza. Você já não percebe que o mundo continua a girar ao seu redor. Investe demais no obstáculo. E, para justificar essa postura, dirige-se paradoxalmente ao fim desse tempo imóvel que impôs a si mesma.

Outra atitude possível: fugir! Você abandona voluntariamente a situação, pois não está calibrada para ela. Entra em pânico porque não se sente à altura. O mundo é mais forte do que você. E o destino é potencialmente hostil. Renunciar não significa abandonar em detrimento próprio. Deixar acontecer é uma ação, uma afirmação enquanto estivermos na expressão de nosso poder pessoal.

Você também pode decidir romper com tudo e ir em frente, ainda que não saiba o que acontecerá nem o que se esconde por trás. Está acostumada com as paredes, e a dor não a desanima. O sofrimento faz parte de sua educação. Seu potencial de resistência e superação é grande, mas você o exprime com uma intenção de sacrifício, e não com o gosto positivo do risco e da mudança libertadora!

Diante dessas potenciais reações, pergunte-se o que as pessoas que a cercam esperam *in fine*, tanto no terreno profissional quanto no pessoal. Um colapso? Uma renúncia,

---

* O filósofo Friedrich Nietzsche notava que há um grau de ruminação histórica que prejudica o ser vivo. Ruminar aprisiona você. Seu campo de visão e seu espaço vital se estreitam. Você se reduz.

um abandono? Uma missão kamikaze? Que você deixe espaço para outra pessoa? Ou que coloque o mundo em uma tabela Excel? Pergunte-se do que verdadeiramente precisa para ser concretamente subversiva: pausar sua ação, deixar ir, fugir por um período ou um momento de aceleração? Em função de sua tendência natural, quer você avance de maneira espontânea, quer recue, virar a mesa em relação a seus hábitos e expectativas será seu ato de subversão.

Quando os obstáculos são ancoragens

Observe os obstáculos e nomeie-os. Eles refletem os oráculos que sua psique mira. Medo? Vontade de fugir ou de se transformar em estátua para se poupar, evitar uma situação? Os impedimentos paralisam apenas a mente. Eles provêm das crenças que navegam nas profundezas dos pensamentos.

Paradoxalmente, os obstáculos são ancoragens. Permitem parar em determinado momento, suspender as próprias ações para ir até o fim de uma experiência, ainda que ela tenha de ser interrompida. Você terá aprendido alguma coisa. A partir dos obstáculos, você ganha a oportunidade de saber mais sobre si mesma e de se enraizar, em vez de continuar uma corrida infinita ou tentar retirar-se do mundo. Resistir à tentação de dizer a si mesma: "Eu vejo uma barreira e dou um salto, é mais forte do que eu... não importa se ela for dolorosa e se eu bater contra ela". A barreira é apenas um dado. Ela se planta no solo, em seu percurso, e se integra positivamente aos esquemas de seus pensamentos para que você possa continuar melhor seu caminho.

Os obstáculos fazem com que sejamos livres. Que nos libertemos para agirmos em outro nível de ação. Eles nutrem de outra forma o seu jeito de viver, do qual depende seu jeito de ser. Seu apetite pela existência. Sem medo não há o desconhecido, não há novos horizontes nem imersões atrativas em sonhos ou desejos. A imaginação é um convite para viver o que não foi experimentado. Quando você se pergunta: "Vou ou não vou?", aprenda a pular no mar, mesmo que não saiba nadar. Siga um caminho totalmente novo, mantenha o hábito de avançar, sem que nada lhe traga medo.

A liberdade é um risco que está ligado à ausência de domínio. Por essa razão, é essencial não focalizar tudo no conhecimento. O saber se aprende. A experiência se vive. A vida é mais uma questão de contos e aventuras que de manual de instruções. Os obstáculos são vetores de concentração. Balizas no mar ou na estrada. Todos os caminhos são possíveis. Entre iniciativa e permissão, reservar-se o direito de tentar e testar. A dúvida e a hesitação são domesticadas pela ação. Mergulhar, independentemente da cor e da temperatura da água. Confiar em si, fundamentalmente. Então, sonhar.

Amplie o que pode conter sua sensibilidade. Não apenas em água fria ou quente demais. Aumentar sua amplitude pessoal e social significa ampliar suas esferas de referência e integrar outras latitudes. Mergulhe. Surpreenda-se.* A admiração é uma centelha disruptiva nos caminhos da sua subversão pessoal.

---

* Abordaremos a temática do surpreender-se no capítulo "Enaltecer a arte do surpreender-se."

Ser subversiva também é subtrair-se. Retirar-se. Seus colegas a criticam e você não compreende o que está acontecendo. Tomaram seu projeto e você não percebeu que isso poderia acontecer. Intimidam-na com educação. Exercem sobre você uma chantagem emocional em toda a sua amplitude: do sorriso suplicante a uma forma de violência contida nas palavras e nos gestos. Você está vivendo um momento desagradável com seu chefe, uma pessoa próxima ou seu parceiro. Tem a sensação de ser invisível, de não ter seu lugar, de não ser ouvida nem servir para nada. Escolha a seguinte forma de subversão: pôr um ponto final e se retirar.

Sair fisicamente de um cômodo, deixar a mesa de reunião, sair de trás de sua mesa de trabalho. Deixar uma conversa. *Exit* os consentimentos educados em prol dos enclausuramentos, do incômodo, da repetição. Autorize-se a sair bruscamente de um esquema ou de uma situação imposta pelas pessoas a seu redor ou que se desenha diante de seus olhos. Não fique imóvel no meio do caminho, em um lugar que lhe foi atribuído e designado. Saia do arbusto e pule como um canguru. Sua mobilidade é sua agilidade. Sua bússola.

Você surge em uma nova dimensão que a subversão lhe permite criar. *Idem* se pode dizer em relação a seu entorno profissional. A mobilidade envolve o território. Escolher o meio no qual é mais fácil navegar, inclusive com o lado obscuro e incompreensível. Evoluímos em ambientes que não dominamos. O sentimento de obscuridade vem do fato de não sabermos nem conhecermos tudo. O segredo é otimizar a própria ecologia para navegar corretamente, mesmo em águas turbulentas, e saber deslocar-se no mesmo território.

Seu quadrante: a luz interna. Aprender a se deslocar para se preservar. Preservar-se para se libertar. Escolher seu campo de jogo a fim de percorrê-lo com uma parte de seu "eu". Escolher sua cultura de trabalho. Escolher a atmosfera de sua casa. Escolher as formas tomadas em prol de uma mobilidade externa, reflexo de uma mobilidade interna. Tudo, menos estar imóvel, no parque, transformada em objeto decorativo ou carnal. De preferência silenciosa, invisível e disponível quando solicitada.

Aprender a ficar à toa: a arte de passar de Shiva a Buda

Outra forma de mobilidade subversiva é a que consiste em aprender a ficar à toa. Esse é um modo de influenciar e adquirir consistência, pois, ao ficar à toa, você adensa sua conexão interna. Ganha corpo onde está. Participa de um ecossistema. No trabalho, deixe circular partículas de sua presença, de suas palavras nos corredores, nos locais da vida social (cafeteria, sala de descanso, restaurantes preferidos nas redondezas). O presenteísmo qualificado – aprender a ficar à toa – é uma maneira de praticar o ativismo em prol de si mesma, seus projetos e sua ambição; de tomar parte no ambiente e habitá-lo a seu modo.

Marcá-lo com seu selo, dando toques impressionistas ou mais destacados. Ficar à toa é um prazer necessário e irredutível da vida profissional. É melhor divertir-se e brincar com o ecossistema para intervir já inserida nele, mesmo que seja para modificá-lo.

Em casa, aprenda a ficar à toa. Tornar a mobilidade intempestiva e eficaz em todas as frentes. Deambular sem assumir as tarefas que supostamente são seu dever. Organize com maestria sua incompetência doméstica. Passe de Shiva a Buda. Renuncie à identidade total. Você tem o direito de se fragmentar.

Lembre-se: o gene do ferro de passar roupa ainda não existe. Seja incompetente com discernimento. Demonstre cegueira e esquecimento de maneira situacional. Você não sabe mais como encher uma geladeira, organizar as férias para todo mundo nem ir à lavanderia. A casa não é mais uma caverna platônica.* Você não está presa nela, condenada a perceber o reflexo das coisas vindas do mundo externo sem delas participar de fato, nem está pronta a ser sacrificada como Ifigênia.**

Arranjar tempo na "esfera privada" para investir em outras esferas é a chave. Para tanto, esquecer o conceito de dupla ou até tripla jornada torna-se salvador. Pense na única medida do dia, em repartir e distribuir tarefas. A conversa com as pessoas de sua convivência não é anual, mas *a minima* (no mínimo) semanal. A negociação com as partes interessadas de seus universos familiares e sociais se estabelece em uma continuidade sem falhas e não é mais negociável. Ela existe de fato.

Toda mobilidade se ajusta em tempo real e depende de uma teoria contínua dos equilíbrios, e não da divisão entre

---

* Ver o Livro VII de *A República* de Platão.

** Ifigênia teve de ser sacrificada para que seu pai, Agamêmnon, pudesse obter ventos favoráveis, atravessar o mar e ir a Troia.

várias paralelas que nunca se encontrarão no infinito. Pouco importa a beleza estética dos braços circulares de Shiva. O olhar interno de Buda será mais conveniente. Estar 100% em todos os lugares e em todos os aspectos de sua vida é uma quimera.

O complexo de ubiquidade leva ao descomedimento, e a desmesura leva ao desequilíbrio interno, o que torna o indivíduo mais sensível à manipulação e remete diretamente à zona das culpas híbridas, ou seja, àquelas feitas de um pouco de tudo. Quando você está com seus filhos, pensa no trabalho. No escritório, pensa no que tem para fazer em casa. Com seu parceiro, pensa em... Com seus amigos, olha para o relógio, imagina...

Qualificar sua presença é um ato particularmente subversivo. Deslizar entre Shiva e Buda é uma arte. Para deixar de olhar continuamente sua identidade refletida apenas no desejo dos outros, é essencial renunciar a porcentagens extravagantes e à perfeição. Estar 300% em todos os lugares: profissional perfeita, mãe perfeita, mulher sem filhos perfeita, esposa perfeita etc. Aliviar-se do peso e aprender a não estar presente para aparecer em algum lugar em toda a sua integridade. Modificar os hologramas internos, essas imagens transparentes que povoam sua intimidade. Reintegrar-se a si mesma. Deixar que os outros encontrem recursos diferentes de você e se engajem na própria mobilidade. A sua está em outro lugar. Conecte-se à sua climatologia. Esteja subversivamente presente!

Escalar e esquivar-se

Quando a situação exige, a arte de escapar e escalar é a melhor resposta para praticar a subversão. Aprender a passar rapidamente, a ser furtiva para contornar os relevos. Aliar a densidade do ar à graça do fogo. Despistar. Utilizar a digressão. Desviar a atenção em sentido próprio. Interpor-se ou distrair é uma questão de sutileza. Divertir,* no sentido do filósofo Blaise Pascal. A volatilidade é uma leveza necessária, sinônimo de estratégia, de recuo ou de integração da contingência. Manter seu infinito particular como uma fortaleza perante as pressões de todo tipo.

Saber contornar, escalar, esquivar. Desaparecer facilmente e ser capaz de uma súbita expansão. Essa também é a arte de ser evasiva: saber apoderar-se e desfazer-se de algo. A subversão é uma coreografia interna. Movimento e permeabilidade. Não se deixar descobrir. Estar. Fugir das coerções.

Também é possível ser móvel, em velocidade constante. Trata-se de conscientizar-se de sua própria velocidade de limiar e de utilizá-la quando necessário. É a maratona ou, em outras palavras, a aceleração da velocidade contínua. Praticar uma velocidade de limiar pode dar a impressão de que você não se move, de que seu movimento é imperceptível, quando, na verdade, você move as linhas. As paisagens mudam e se modificam ao seu redor. É um modo de continuar a avançar sem que os outros necessariamente a vejam. Descobrir o próprio passo e ritmo para desenvolver uma velocidade situacional. Uma mobilidade fluida.

Você muda, por exemplo, o modo de se mover no espaço, de se deslocar, de se sentar, de acompanhar suas palavras com seu movimento e com seu corpo.

---

* Ver Blaise Pascal, *Pensamentos*, B139.

Às vezes, você não será levada a realizar a manobra mais leve. Haverá dias em que será melhor rastejar como um crocodilo do que saltar como um antílope. A graça do antílope pode ser atraente, mas se for conveniente adotar a gravidade estratégica e imóvel do crocodilo, aprenda a renunciar temporariamente às suas aspirações estéticas e às suas afinidades seletivas. Ouse utilizar a metamorfose situacional e híbrida. Brinque algumas vezes com as quimeras. Adapte e personalize sua própria mitologia. Toda mobilidade tem um alcance mitológico. As histórias que contamos a nós mesmas e nas quais nos inserimos. A força cognitiva da história não deve ser subestimada.

Em seus movimentos, no centro de suas idas e vindas, pergunte-se: "Quais histórias tenho vontade de contar sobre mim e a respeito do que faço? O que sei dos relatos dos outros a meu respeito? São importantes? Que impacto têm sobre mim?". Ouça, pressinta e sonde. Seu movimento será sempre o início ou a continuidade de uma história, a sua. Escolha suas metáforas. Os outros têm as deles.

Subverter-se, surpreender-se

Definir seu bestiário mitológico é outro recurso para construir mobilidades subversivas e ultrapassar o peso dos estereótipos, dos freios. A priori, de acordo com os costumes, deveríamos evitar recorrer a uma imagem de crocodilo para reorientar um movimento. Não é algo muito elegante para uma mulher. Quando você refletir sobre sair do parque temático, em se desfazer das formas de silêncio, de condicionamento, de submissão, de abnegação, de invisibilidade e de recuo que a tomam, liberte sua mente dos critérios estéticos que pesam sobre você e reprimem sua vida interna.

No campo da imaginação, ousar transposições desconcertantes à primeira vista é algo criativo. Subverter-se é surpreender-se. Pergunte-se do que você precisa para avançar, mover-se e mudar de caminho. Traçar um novo itinerário. Dar meia-volta. Imagens, histórias, recursos, contos, séries, anedotas, personagens?

A subversão ocorre quando você retoma o controle do primado e decide por si mesma. "Que tipo de modelo e de papel-modelo tenho vontade de ser?" Recorrer à força sugestiva de seu bestiário interno. Apoiar-se nele para se orientar e nutrir a diversidade de seus movimentos não a impedirá de permanecer civilizada. Você não se transformará em megera nem em um feiticeira fácil de ser desmascarada, sejam quais forem suas tentações. Quando quiser, você pode mudar seu "jogo" para dar cara nova ao seu "eu". A finalidade não será a mesma. Você pode se divertir parecendo deliberadamente selvagem e à margem, fingir ser uma *outsider*. Esse jogo pode se tornar necessário para tirá-la de uma situação, situá-la em uma margem, nas beiradas, ou ainda para realçá-la de maneira inédita. Quando um estereótipo for jogado em sua casa, devolva com uma encenação marcada e exagerada. Toda mulher é selvagem: um animal indomável que precisa da domesticação masculina para se manter nos limites, não perder sua coesão nem escapar e permanecer sob o controle dos outros como uma posse!

A arte de conduzir é a arte de se conduzir, seguir seu caminho e navegar com habilidade. Expressar suas divergências e outros impulsos, dando a impressão e a ilusão de estar posicionada no parque temático. Às vezes, a subversão significa vestir os trajes deslumbrantes e parametrizados da civilização, mas deixar os fluxos dos pensamentos selvagens fluírem e tomarem forma dentro de si. Tornar-se subversiva e permanecer civilizada.

Parecer civilizada se torna uma artimanha situacional. Uma habilidade que prepara seus grandes feitos, quer eles sejam subterrâneos, optem pela lentidão ou sejam literalmente explosivos. O essencial é manter em si o contato com a possibilidade da subversão como um recurso ilimitado à disposição, a qualquer momento. Ser subversiva significa nutrir em si esse tipo de confiança.

Ser subversiva é dizer a si mesma: "Em cada momento e em cada segundo da minha vida, tenho os meios para virar a mesa, não entrar no que me pedem, não ter a reação nem o comportamento esperados, atravessar, criar outros caminhos, inovar para mim e para os outros".

A pedagogia da subversão sensibiliza os outros para diversas possibilidades de pensamento e ação. As grandes figuras revolucionárias, seja qual for seu campo de aplicação, foram subversivas antes de entrar no "domínio comum". Simone de Beauvoir, Colette, Coco Chanel, para citar apenas algumas, foram subversivas. Todas as pioneiras, as primeiras mulheres que... todas aquelas que desconstruíram as formas de patriarcado e de injustiça. Elas escolheram seus modos de pensar, de se embelezar, de viajar, de se deslocar e de se enraizar no espaço pelo gesto e pela palavra.

Tudo isso provém de uma mudança, de uma revolução, de uma curiosidade e da liberdade.

Visualizar as fronteiras

Ser subversiva é visualizar as linhas de demarcação entre o implícito e o explícito. É decifrar os arcanos do poder, as antecâmaras da domesticação, as ilusões dos gêneros, as instrumentalizações dos corpos biológicos, os impasses culturais, as classificações abusivas, os reflexos androcêntricos, as injunções enervantes. É desvendar os truques de ilusionismo, os blefes, as dissimulações e as artimanhas. É escolher seus jogos em relação a tudo e contra tudo, mesmo quando isso lhe parece impossível.

Todo jogo induz uma forma de teatralidade. Brincadeira, gracejo, diversão, modos de ser inusitados, vocabulário diferente, recuo ou retirada, mudança de rumo, de estratégia comportamental ou verbal, desenvoltura e facilidade no movimento.

Exit o absurdo

Escolher o que é bom para si mesma. Abandonar o que a prejudica. E não se desculpar por deixar um jogo que lhe é nocivo, a reduz, coisifica, tira seu poder, a utiliza em benefício dos outros, amordaça seu livre-arbítrio, a faz desaparecer na invisibilidade, a imobiliza atrás de papeladas, a transforma em estatueta em sua cozinha e a remete à decoração.

Retire-se do que é absurdo. Um sentimento pesado de repetição a comprime? Todos os dias, você faz a mesma coisa para demonstrar sua legitimidade no trabalho. Tornou sua rotina sagrada, preparou o terreno para sentir-se mais segura. Antecipa tarefas e trabalha prestando atenção em tudo o que poderiam exigir de você, pois a ilusão aprendida a fez acreditar que a excelência, a seriedade, a dedicação e a disponibilidade constante são fortalezas que a protegem dos estereótipos, a validam e atribuem de *facto* um lugar que você sequer procurou. Você dá o melhor de si. Em sua vida pessoal, empenha-se continuamente para permanecer disponível e amável com as pessoas que lhe são próximas, mesmo quando não está com vontade e não aguenta mais. Porém, não diz nada, pois isso demonstraria, ao mesmo tempo, sua vulnerabilidade e incapacidade de ser perfeita – ou seja, de responder a todas as perguntas com perfeição. Além disso, seria uma prova de seu egoísmo: você também tem um "eu" e, até então, não fez muito barulho para revelá-lo, ou seja, não o afirmou. Ele não impactava seu ambiente.

Você contabiliza tudo o que faz para se convencer de que sempre cumpre as regras de sua exigência pessoal: qualidade dos trabalhos, e-mails enviados, reuniões preparadas, questões antecipadas, elementos de linguagem totalmente dominados etc. Quantas vezes pôs seu filho para dormir nessa semana, leu uma história para ele, verificou sua lição de casa, preparou o jantar, ouviu seu parceiro? Em que linhas do real, entre que tipos de mundo você evolui e com quais critérios o mede? Permita-se um olhar crítico. Talvez você veja Sísifo aproximar-se do tonel das Danaides e cair dentro dele.

Algumas ações parecem perpetuar-se e acabam se tornando repressivas e inibidoras. Você pediu recursos suplementares diversas vezes, refez pela enésima vez um trabalho que não serve para nada, demonstrou paciência com seus clientes, foi educada, profissional, prestativa, confiável, infalível. Repetiu cem vezes a mesma coisa em sua casa e nada mudou. Tem a sensação de que algo absurdo está acontecendo, sente-se exausta e até incompreendida, mas continua a assumir o comando, como aluna séria, soldado exemplar, mãe dedicada, companheira atenciosa, por consciência profissional, por lealdade, porque é paga para isso, porque é o que sua família e seus amigos esperam de você.

Você age por reflexo, sob a chancela da educação, pelo hábito, por exigência pessoal, para corresponder a todas as expectativas que, em sua opinião, são indispensáveis a seu regulamento interno – sem ter de fato verificado as fontes; *para assumir uma aparência* ainda que não saiba exatamente o que "assumir uma aparência" significa ou significaria se você deixasse de seguir por esse caminho. Porque, além disso, você não gostaria que *dissessem que você*... No fundo, você não consegue colocar palavras concretas em duas frases. Elas ficam mal construídas, e isso a incomoda. Vem de longe... esse vento que às vezes a leva a agir por mecanismos, por puro reflexo, depois de você ter ficado muito tempo mergulhada nas águas turvas e profundas da culpa e das injunções em suas múltiplas facetas.

Deixar as posturas insustentáveis

Uma postura como essa é viável, sustentável? *A priori*, não, se acreditarmos nos últimos números sobre *burnout* em mulheres: elas seriam duas vezes mais afetadas por essa síndrome do que os homens[*]. Deixe Sísifo às Danaides. Para reencontrar o sentido, a atitude e a consistência, volte à simplicidade inicial, à sua verdade pessoal. Diga a si mesma que às vezes as coisas são o que parecem ser. Uma repressão é uma repressão. Uma barba azul é uma barba azul[**]. Uma

---

[*] Baromètre de Santé Publique France, 2017. A prevalência de depressão ao longo de 2016 na população economicamente ativa era de 11,4% entre as mulheres e 5,3% entre os homens.

[**] Clarissa Pinkola Estés analisa o célebre conto *Barba Azul* e explica o fenômeno dessa cegueira diante do mal, a ameaça destrutiva. Uma das mulheres de Barba Azul atenua o que vê, e pressente, e declara: "A barba dele não é tão azul assim". Aceitar olhar a barba azul é o início da subversão. Ainda se ensina muito às meninas a se desculparem e a tolerarem o mal, em particular quando ele vem dos homens: "Geralmente, quando as meninas são muito jovens – antes dos 5 anos –, aceitam a ideia de se casarem com o monstro. São ensinadas a fechar os olhos e, ao contrário, a se entregarem a afetações. [...] Essa educação leva a irmã mais jovem a dizer:'No fundo, a barba dele não é tão azul assim', uma aprendizagem precoce, que pede às mulheres para serem'gentis'e acaba substituindo sua intuição". In: *Femmes qui courent avec les loups*, Paris, Grasset, 1996, p. 77.

liberdade é uma liberdade. Reinvista no território que você desenhou. Abra os olhos. Uma luz apagada, depois, acesa, já não tem a mesma claridade. Sua intensidade reflete um brilho novo, extraído de sua força e de suas prodigiosas fontes – que você subestima, a não ser quando as coloca a serviço dos outros.

Toda subversão é, primeiramente, solidão

Para cada mulher que se aventura, a subversão implica uma forma de ruptura em relação a um posicionamento, uma palavra, uma atitude que não se solidariza com a cadeia de seus comportamentos habituais e consensuais no que se refere a formas diversas, assumidas pela domesticação.

Todo movimento subversivo induz uma forma de solidão que apela à coragem, ao que vem do coração, à mobilização de uma energia específica e à força de vontade. A coragem é um estado de espírito que reflete uma intenção precisa. Seja parceira de si mesma nas mudanças provocadas pela subversão, ainda que esse *twist* a mergulhe por alguns segundos em uma forma imediata de solidão. É uma passagem obrigatória. Estamos sempre sozinhas diante do universo quando desejamos mudar sua música e suas harmonias. Escolher a própria partitura é um ato íntimo que define seus laços com o mundo.

Unir-se às redes permite justamente sair de uma forma de isolamento que enfrentamos quando quebramos os códigos, quando nossa subversão irrompe na realidade e imerge o terreno. Toda mulher é subversiva em determinado momento, mesmo que não o tenha notado. Nesse caso, o que os outros dizem será libertador.

Partilhar com outras mulheres a necessidade da subversão e os diferentes modos de aplicá-la é indispensável para enriquecer a própria prática da subversão e ampliar sua consciência.

Subversão e sororidade

A título coletivo, a subversão torna-se possível quando diferentes indivíduos se reúnem ao redor de posturas e ações comuns para propor outras regras do jogo e normas inusitadas. As revoluções políticas e culturais utilizaram a subversão para iniciar novas visões de mundo e inverter a ordem estabelecida.

As mulheres foram colocadas automaticamente na categoria de minorias. Pela consciência coletiva da necessidade da subversão, elas se tornam construtoras. Durante séculos, para consolidar com mais eficácia a domesticação das mulheres e reinar melhor, os homens as dividiram política e socialmente. Eles as estigmatizaram e as impediram de formar uma comunidade, no sentido masculinamente extrabiológico do termo, para que elas não tivessem acesso ao equivalente da homossocialidade, pois é privilégio exclusivo deles e base para o sequestro civilizacional. Isso acontece ainda hoje, tão logo uma rede feminina é criada.

O isolamento ativa o medo da rejeição e de ser apátrida, metaforicamente falando, pois a lógica de pertencimento, o desejo de estar em contato com uma comunidade de signos e referências para se sentir integrado ao grupo majoritário, aos pares e cúmplices, compõe nossa incompreensível e inevitável animalidade política, que define nossa humanidade.

Entre si, as mulheres podem ser "intermediárias" da subversão, o que é uma maneira muito útil de nutrir a sororidade e acompanhar gerações diferentes em uma conscientização coletiva da necessidade de serem subversivas e se reconhecerem como tais, de se ajudarem no cotidiano profissional e pessoal. Mulheres, "marquem" as outras positivamente em seus ensaios, em suas tentativas mais ou menos bem-sucedidas de subversão quando as reconhecerem. Celebrem as formas de subversão positiva e disruptiva, as fórmulas mágicas, as chaves de ouro que invertem uma ordem enganosamente civilizacional, na qual, *in fine*, vocês não existem. A subversão se tornará um ritual quando for uma norma, e o sinal de uma mudança de paradigma social, político, cultural e simbólico. Enquanto esperamos esse momento, ela marca uma ruptura. Conduzida com habilidade, ela se torna uma força estratégica para um novo projeto inclusivo e humanista de sociedade.

Crenças limitantes e torre de Pisa

As crenças limitantes, alimentadas por complexos, impulsos de autocensura e pela medida limitada de sua confiança pessoal, são como uma torre de Pisa reinando no meio da sala, enquanto os olhos pensam ver apenas uma mesinha de centro. As crenças se constroem e se desconstroem ao longo dos dias e das situações. São polimorfas e não necessariamente assumem a forma esperada ou desejada.

A magia da subversão é o poder de transformação e transmutação de nossas próprias crenças e daquelas que recebemos de maneira explícita ou subliminar. Transcender as torres de Pisa pela força de sua subversão. Aguçar sua capacidade de enxergar.

Você pensava ser livre em suas escolhas quando, na verdade, era teleguiada por um conjunto de parâmetros. Renunciou conscientemente a um cargo, foi uma *follower*, trabalhou por orgulho e sem reconhecimento, seguiu as recomendações da família, parou de se alimentar com suas paixões, seus centros de interesse, esqueceu-se de se formar, de sair... e tudo isso pensando que seria bom para você, e que seria a melhor escolha possível. Assim que a realidade se deteriora, que o vazio aflora e as ilusões caem por terra, a torre de Pisa reaparece, inclinada no meio do cômodo principal, e tudo o que era familiar ressoa de maneira diferente. A torre, que havia tomado todo o espaço cognitivo de sua mente, fez com que você se tornasse estranha para si mesma.* Apesar de ser sua melhor aliada, você se tornou seu próprio obstáculo.

Explicar sem se justificar

Mudar de rumo, de orientação, mudar de ares. Durante a travessia rumo à sua revolução interna, aplicar o seguinte teorema: explicar sem se justificar. A linha entre ambos é tênue. Assumir o comando e manter firme sua posição. Quando for dar uma explicação, pause sua fala para não cair na justificativa.

---

* Remeto ao ensaio de Julia Kristeva, *Étrangers à nous-mêmes*, Paris, Gallimard, 1991.

Respire e deixe ir. Não ultrapasse a linha sintática que a transforma novamente na garota bem-comportada e obediente, que trabalha direito e espera sua recompensa. Aquela que dá a resposta certa e se torna legível e transparente. Abandone as explicações inúteis sem ceder às perífrases. Resista à atração do labirinto, pois o Minotauro é apenas o próprio labirinto.

Queimar os ícones

Tornar-se a única acionista de seu capital é aprender a se governar internamente sem governança externa. Fazer regularmente acordos consigo mesma. Lembrar-se, como um mantra, de que o ser humano se produz sem modelo. Esse é um dado inestimável. Você tem todo o tempo para encontrar o jeito de ser que melhor lhe convém, mesmo no último instante, quando estiver realizando sua ação. Até no último segundo você tem a capacidade de desviar sua torrente de palavras. Você é livre para mudar de rumo. A subversão é uma liberdade que passa por uma libertação.

Você continua a reger a orquestra de suas arbitragens, decisões, diálogos íntimos e secretos, antes de qualquer expressão externa da parte que pode ser revelada, visível – pois ela diz respeito aos outros ou está diretamente ligada à sua afirmação pessoal.

Prestar atenção em suas músicas internas. Deixar queimar suas cadeias em outro lugar. Fazer vibrar seus comportamentos, suas posturas e suas palavras em uma frequência conveniente. Manter em si esse espaço de paz e de liberdade, depois que ele for encontrado.

Enaltecer a arte de supreender-se

Surpreenda-se. Permita-se admirar as realidades que desfilam à sua frente. Proteja seu estado bruto, sua integridade e a mobilização de seu julgamento no exercício de sua liberdade. Diante da exaustão você perde o gosto por si mesma. Assim, cai no hábito sombrio da renúncia, e a fadiga de não poder existir acentua ainda mais esse fenômeno. As formas de condicionamento podem parecer mais fáceis de serem vividas, pelo fato de estarem em todos os lugares e serem mais numerosas e poderosas que as disrupções positivas existentes em nossos ambientes. Você está habituada a elas. No entanto, isso não passa de uma ilusão, que a subversão pode reduzir à pó com seus jogos de ouro.

O poder surpreender-se

Ao expressar surpresa, você fortalece o seu poder. A surpresa é o contrário da resignação e a acompanha em sua subversão. Surpreender-se não significa ser estigmatizada, tampouco ser pega em flagrante delito por não conhecer tudo, por não pertencer... A surpresa tem o mesmo poder do questionamento inicial. Cada vez que você se surpreende, é como se tivesse acabado de chegar aqui na terra, sondando as razões e os modos e observando pela primeira vez os mecanismos de nosso mundo.

Vá além. Finja querer compreender com delicadeza, humor, com um recuo reservado ou com toda a simplicidade. Você vai conseguir recuperar o controle e a vantagem ao solicitar explicações – não para que lhe expliquem o mundo pela enésima vez, mas para que você dê a ele seu toque pessoal. Contribuir a partir de outros patamares abre novas perspectivas. Você demonstrou surpresa e se afirmou de maneira subversiva. Sutilmente, pôs em questão a ordem das coisas. Portanto, como se nada estivesse acontecendo, você poderá se posicionar de outra forma.

É verdade que, no ambiente profissional, demonstrar surpresa não é algo comum, sobretudo quando investimos demais na excelência. Treine para passar pelo filtro hipnótico da surpresa e assim poder dar novos nomes, influenciar e construir o que é real. Não ocupe sua mente tentando demonstrar suas competências ou sempre legitimar seu lugar. Você nunca estará à altura daqueles que, de maneira deliberada, não querem que você ocupe seu lugar. Essa é uma tática para imobilizá-la e desestabilizá-la.

Tudo é possível

Ao utilizar a energia da subversão, você se remete ao lugar que lhe convém e escolheu. Dele extrai a força para traçar e construir seu caminho, sejam quais forem as florestas a serem atravessadas. Não perca tempo nem considere a realidade como certa. Antes de tudo, ela é uma construção ativa, aberta aos atores que dela se apoderam.

Se você associar realidade e inércia até confundi-las, haverá grandes chances de cair na imobilidade, na ataraxia e na apatia ou de se fechar em esquemas para se proteger e não ter de pensar em tudo o que poderia fazer para de fato mover as coisas. Você é mais poderosa do que acredita. De maneira intuitiva e consciente, você sabe que o que considera como certo e real muitas vezes não é. A sensação de solidez do real se baseia apenas na fragilidade do que é adquirido.

Você acha que o que está à sua frente não pode mudar? As normas, as estruturas androcêntricas, a História, tudo já está feito. Às vezes, você pensa que os dados foram lançados há muito tempo, que os jogos foram jogados de maneira irremediável; e a ancoragem em parques temáticos, produto da domesticação e mantida pelas consequências do sequestro civilizacional, teria se tornado inata. Essa força é ilusória e reside apenas na possibilidade de sua potencial inversão a qualquer momento. É um paradoxo, pois, às vezes, a intenção magnética que você lhe confere é mais pesada do que seria na realidade o movimento de sua inversão. Basta um gesto simples: saltar para fora do parque. E não tenha pressa ao realizar seu "gesto", pois o tempo é o deus do início.

Autorize-se a expressar surpresa da forma mais justa consigo mesma. Uma evidência só é evidente para quem a impõe como tal; para os outros, ela continua sendo uma potencialidade.

A imaginação como arquiteta da subversão

Não subestime o poder da imaginação nem seu fabuloso alcance. Ela saberá encontrar caminhos e vias de acesso e lhe permitirá apoderar-se de seu ambiente.

A realidade se adaptará ao que você preparar nos campos férteis de sua imaginação e partilhar com aquelas que tiverem as mesmas centelhas, que às vezes dissimulam seu braseiro. A imaginação é uma ferramenta para forjar o real. É a antecâmara do real. Confie nela. É um instrumento de força e de arquitetura. A imaginação é uma porta. Ao passar por seu limiar, você perceberá as coisas de maneira diferente.

A imaginação nutre a potencialidade de sua subversão, aumenta seus poderes para que você possa saltar para fora dos parques, dos assuntos e das atitudes que a aprisionam. Ela é, ao mesmo tempo, um acesso e uma fonte para que você possa destravar, iniciar e se engajar em sua forma de saber ser inédita, fora dos caminhos já percorridos, das conveniências e das armadilhas retóricas. As falsas questões, as pseudossolicitações, os silêncios obscuros.

O poder da imaginação

Imagine, e você se tornará o que imaginou. A vida sonhada passa a comandar a matéria, os acontecimentos. Ouse acreditar que o conteúdo de sua mente é uma realidade possível. Acesse seu próprio poder através da imaginação. Não há justificativa nem contas a serem prestadas, tampouco estereótipos aos quais se conformar na imaginação. A domesticação foi imaginada, os parques temáticos foram criados e implantados. Pelos ferros, pelas pedras, pelo concreto, pela rigidez opressora das palavras ou por sua estupidez assombrosa, utilizados para esse único fim. As mulheres ainda sofrem com isso em diferentes graus. Portanto, as portas que você abre são reais. A energia ligada ao alcance de sua imaginação tem um impacto real e um potencial de transformação.

A imaginação é uma varinha mágica que você se esquece de utilizar. Trabalhe a realidade como uma artista plástica e molde-a de acordo com sua imaginação. Conceba a realidade como uma tela. Escolha os motivos e as cores. Abandone os quadros que apagam, imobilizam, diminuem e deformam. Se você não gosta de seu reflexo, mude a frequência. Observe os fenômenos de difração e refração das luzes que a atravessam e analise de quais fontes elas provêm. E, sobretudo: quem joga com elas? Quem se diverte com elas? Os motivos que se desenham no sentido próprio são seus objetivos no sentido figurado.

Com o que você sonhava quando era criança? Qual é o delta entre sua vida imaginada e sua realidade atual? Quer você aspire a se tornar executiva, presidente de empresa, artista, artesã, empreendedora, funcionária em um ministério, diretora, líder de uma rede, pesquisadora, profissional liberal, colaboradora em uma empresa, quer deseje dedicar-se a uma causa ou associação, ter um trabalho interessante ou ser mãe de família no lar – a lista não é exaustiva –, em resumo, sejam quais forem suas atividades atuais, pergunte-se quais eram suas aspirações. Observe do que é feito seu cotidiano, a cada hora. Sua agenda a qualifica. Ela é o reflexo da a passagem da infância à mulher e da parte que deixou de si mesma ao aprender os códigos e as normas, resultado de sua educação.

Você tem tempo para si mesma e para ampliar seus espaços de vida ou observa o tempo deslizar entre seus dedos tal como grãos de areia que não lhe pertencem mais? A fuga do tempo é o limite da imaginação. Recupere o tempo roubado pelo simples fato de ser uma mulher. As mulheres tiveram o tempo, a palavra e o corpo roubados. A liberdade de ser e de pensar no cotidiano. O tempo deve ser útil, ou seja, reservado aos outros.

O acesso ao campo das possibilidades

Siga a inspiração do momento. O *twist* do segundo. A cadência de seus passos. O movimento de seu corpo no pleno conhecimento de si mesma. Você trabalha seu enraizamento nos limites que lhe pertencem e correspondem ao espaço que você se concede. Propõe sua esfera de vida aos outros como espaço de interação, de escuta e de troca. Antes de tudo, ele é viável para você, que o propõe... se ele for renegado, maltratado, recusado, negado, instrumentalizado, desviado... Você o impõe! Ou então se desloca, sejam quais forem os movimentos a esboçar. O espaço da mente é mais vasto que a geografia. Aja sobre todas as suas possibilidades de movimento.

Abra as portas. Crie uma vibração que corresponda ao que você imagina, e a realidade será igual. Abra espaço para essa energia. A imaginação é um canal poderoso. Ela permite destravar os bloqueios, as inibições, as autocensuras, os pensamentos limitantes, as imposições; sair das prisões douradas. Encontre-se regularmente com sua imaginação. Passeie com ela. Estabeleça uma aliança e uma conivência. Aprofunde seu entendimento e convergência com ela. Ela lhe permite libertar-se das pressões, pois traça um caminho, um espaço que lhe dá acesso ao que é mais importante para você. Abandonar-se ao que é mais importante é fácil e não demanda esforço algum. Nesse sentido, a imaginação é um anteparo infalível diante do jogo de máscaras dos parques temáticos. Dê livre curso à sua imaginação. Desse modo, ela poderá fazer a limpeza necessária para derrubar o colosso de pés de barro.

Discernir com estética

Identifique os processos sutis de desvalorização que causam estragos ao seu redor. Desde os mais evidentes até os mais obscuros. Todas as paletas, as combinações de tons e cores que você percebe na atmosfera, os gestos, as reservas, o que desliza entre as palavras, nos rostos e permanece em suspensão, as degradações do seu valor que são lidas através desses degradês. Opacas, ínfimas, transparecendo outras coisas, filigranas, telas de fundo, algo em você as percebe mesmo que não preste atenção nem as nomeie. O implícito* é

---

* Os séculos de dominação, de aprendizado forçado da submissão, da redução ao silêncio e aos papéis secundários conduziram as mulheres à necessidade de desenvolver uma observação aguçada dos sinais fracos e de tudo o que se lê por trás deles. É o aprendizado reservado aos que estão em segundo plano, na retaguarda, aos dominados, que aguçam seus detetores sensoriais e cognitivos para serem capazes de captar a menor diferença de nuances que emana do ambiente. Se homens e mulheres tiveram de se adaptar a seu meio ecológico para sobreviver como

mais forte do que o explícito. O invisível prevaleceu sobre o visível. Você percebe apenas seus contornos.

Lembre-se: a conexão com sua essência leva à autoestima. A apreciação de si mesma depende do valor que você atribui ao que emana do interior, do que se produz em seu íntimo quando você decodifica os ruídos do mundo. Entenda-se consigo mesma, e você desenvolverá uma confiança inextirpável. Crie a partir de si mesma e, em primeiro lugar, confie em si mesma. A conexão com sua essência nutre o autoconhecimento que gera a confiança e lhe dá acesso a seu próprio valor. A partir disso, você desenvolverá a autoestima. Essa chave de ouro lhe trará uma forte coerência e se manifestará em sua postura, enquanto ser realizado e consciente de um valor intrínseco, dissociado do olhar dos outros.

Mil-folhas e teto de vidro

A partir de agora, familiarize-se com a noção de sobreposição... e a composição da massa folhada. De fato, existem vínculos estreitos entre sua vida e um mil-folhas. Todo teto de vidro é um mil-folhas, composto de camadas invisíveis a olho nu. Essa imagem metafórica atinge severamente todas as esferas e aspectos da vida. Suas inúmeras renúncias, seus recuos, suas hesitações e todas as formas de autonegação, por mais ínfimos que sejam, sobrepõem-se uns aos outros. Por efeito cumulativo, condensam-se, consolidam-se, e você

---

espécie, as mulheres tiveram de se adaptar aos homens para existir além de sobreviver, no intervalo que lhes foi concedido e em um gênero desvalorizado pela ideologia produzida pelo sequestro civilizacional.

esbarra em sua espessura, atinge o nível máximo, a força dos "quase-nada" que, ao longo dos anos, tornam-se "praticamente-tudo".

Em casa, diante dos familiares, nos círculos de sua vida social, identifique suas renúncias, por mais furtivas e imperceptíveis que possam ser. Sonde suas razões para não enxergá-las, caso você apenas as pressinta, mas não consiga ir mais longe. Exercite-se para identificá-las. Acompanhe seu processo de modificação das percepções. As mudanças de que você precisa se delineiam aos poucos, enquanto mapeia seu caminho. Diminua a quantidade de areia que transborda de suas mãos. Os grãos de areia se misturam a seus impulsos. À medida que você se livra deles, sua mão se torna mais leve. Sempre que os antigos esquemas, os reflexos e as síndromes retornarem, pronuncie internamente o segredo mais bem guardado de sua personalidade: "Desta vez, não vou cair nessa"...

Sobre fazer bom uso do autoelogio

Se acabarem com você em público, saiba sublimar a cruz tormento. Não caia nessa. Não se entregue de bandeja. Faça um autoelogio, que é a afirmação suprema de si mesma. A reconciliação sagrada consigo mesma. O restabelecimento do imperativo identitário: ser você mesma, estar consigo mesma e apoiar-se de maneira incondicional. Pouco importa que a existência anteceda a essência ou o contrário; eu existo como pessoa inalienável, antes de me reconhecer em uma situação singular e de ser enquadrada em um contexto pelos outros.

De forma majestosa, contraponha-se ao pelourinho. Inverta a humilhação com uma afirmação imperturbável, serena e soberana de si. Minimize o impacto. Não exiba garras, tampouco asperezas. Torne-se esférica. Transforme a geometria da cruz em círculos de luz que partem de seu interior, onde se encontram sua essência e seu coração. Aprenda a se celebrar. Esse é um modo de reconciliar-se consigo mesma quando os outros, com suas palavras, tentam dividi-la internamente.

De atleta a samurai

Escolha suas batalhas. Enquadre e delimite seu campo de ação. É inútil atirar em tudo o que se move. Concentre-se no essencial. Seja mais atleta do que samurai em sua preparação interna. Descubra o momento propício para atirar. Identifique o ângulo de ataque. Dê uma forma à sua comunicação e às suas ações: dos espaços mais corporativos aos lugares mais inesperados. O olho do atleta sabe quando ter a precisão de uma balestra, quando tem de concentrar toda a sua precisão no alvo, um ponto de gravitação do real – que não poderia ser um buraco negro, no máximo uma pequena aspereza em um traje iluminado.

Criar sua própria lenda

Não hesite em praticar a arte do conto de fadas para valorizar suas ações. Em seu trabalho, no cotidiano, como todo mundo você pensa que basta ser boa para evoluir. Você é paga para desempenhar uma função, então, por que acrescentar outra? Sobretudo porque você vê seus supercolegas fazendo menos e saindo vitoriosos, e isso com uma audácia que a choca e desconcerta ao mesmo tempo. O mito da boa aluna bem treinada para receber boas notas desaba brutalmente à sua frente, no mesmo instante em que você vê o projeto no qual trabalhou durante meses com sua equipe ser sequestrado por um especialista em apropriação das ideias alheias. Estarrecida, você espera que isso passe e torce para que todo mundo perceba a manobra grosseira. Você não diz nada porque daria a impressão de administrar mal a competição, e não é de bom-tom denunciar os próprios colegas.

Encontrar uma história sob medida

Pouco importam as regras do jogo. Você tem seus recursos. Utilize a força cognitiva da história, a narrativa dos contos de fadas. As palavras indicam sua posição e medem seu coeficiente de influência. Elas funcionam como uma bússola no território das organizações, na sociedade de maneira mais ampla e em seu lar. Integre a natureza inapreensível das palavras.

Elas têm, a *minima*, um duplo sentido e são intrinsicamente polissêmicas. Nas palavras que você profere e ouve, há uma parte totalmente inapreensível. Jogar com esse aspecto permite que você se afirme, finja que nada está acontecendo, desapareça ou passe adiante. Exercite sua linguagem. Insinue-se em suas palavras como você se insinua em sua pele. Você se torna você mesma. Abra espaço com suas frases.

Por exemplo, comunique-se em todos os momentos importantes do projeto. No início, sem pressa, de maneira formal e informal. Crie episódios. Envie e-mails com cópia para as pessoas certas. Resplandeça como uma esfera. Nos corredores, nos lugares imprevistos, na cafeteria ou durante as reuniões, aproveite todas as oportunidades. Dê informações a respeito de seu avanço e impasses. Fale sobre os obstáculos, os desafios, as soluções encontradas. Você se torna a heroína de um conto de fadas, aquela que transpõe todas as barreiras, destaca sua equipe e supera os obstáculos.

Quando o projeto tiver êxito, divulgue-o por meio de sua equipe e em todas as conversas. Sempre amplifique os efeitos: as dificuldades encontradas e as soluções testadas. Não importa o que você faça nem o que aconteça: comunique-se. Ninguém poderá se apoderar do seu sucesso nem desviar sua história.

Faça com que ouçam sua voz para não deixar que ninguém fale em seu lugar nem roube suas histórias, seus projetos e sua vida. Não se esconda. Ordene a sequência de cada etapa, cada capítulo. Exponha sua história por episódios. Oralmente e por escrito. Em todos os lugares onde puder. Desde os locais mais clássicos àqueles mais insólitos. Propague-se. Duplique a história escrita com a oral.

Ao nutrir sua visibilidade, você multiplica sua força de ação e de influência. Considere que as pessoas seguem quem sabe colocar as coisas em evidência, propagar pontos de luz ao redor de si e dos outros.

Trabalhe sua mitologia pessoal. Seja, ao mesmo tempo, roteirista, diretora e atriz. O que quer contar a seu respeito? De que modo e para quem? Que representação você tem de si mesma? Uma representação é uma construção mental que dá confiança e incita à ação. Seja sua própria iniciadora. Pesquise e descreva as representações que você precisa orquestrar e com base em quais aspirações, evasões e sonhos. Toda fábula tem suas alegorias. Escolha e escreva as suas.

Compor um fundo musical ao redor de si

Componha um fundo musical ao seu redor. Tente tocá-lo, mesmo que não seja musicista. No escritório, trabalhe a arte de fazer saber. Torne sua *base line* visível. Marque pontos de visibilidade para obter suporte, criar parcerias e alianças propícias. Faça seu nome circular nas redes próximas e mais afastadas. Ultrapasse as fronteiras. Capte as tendências. Exponha o que você fez. Faça barulho. Escolha seus ruídos de fundo. Revele-se na arte de compor sua sinfonia e suas melodias. Deixe o silêncio para os novatos.

Em casa, cultive o que gostaria que seus familiares notassem em você. Não desapareça atrás da mesa da cozinha nem das cortinas da sala. Escolha seu papel. Toque seus instrumentos. Torne-se autodidata. Faça os arranjos e as harmonias de suas árias.

Quando falar, posicione-se no mesmo nível dos interlocutores. Pratique a homonomia* com total liberdade, entre sincronização e imitação sutil. Não rebaixe seu valor. Não se diminua. Pratique sem limites a simetria existencial. Só existimos socialmente no exato instante que aparecemos em determinados contextos. A prática da homonomia lhe dá a possibilidade de ser subversiva quando você precisa sair das formas de submissão, de abdicação, de renúncia, de redução identitária, de conformidade a... nas quais seus interlocutores se sentiriam tentados a empurrá-la.

Além da homonomia, utilize as técnicas do aikidô para não sofrer efeitos bumerangue incontroláveis. Na arte da encenação, o que volta para você não é, necessariamente, o que você enviou em primeiro lugar. Isso faz parte dos imprevistos das aparências, dos aspectos escondidos e não domináveis

---

* Condição dos seres e organismos submetidos à mesma lei. (N. da T.)

de toda situação e dos jogos de espelhos. Em razão das polaridades positivas e negativas da influência, identifique nos outros os movimentos de influência para devolvê-los ao emissor quando necessário e quando a prejudicarem. Aprenda a dançar com os antagonismos. A verdadeira influenciadora é você.

Possuir suas próprias palauras

As artes cênicas são as artes das palavras pronunciadas e dirigidas. Identifique a teoria dos nomes e a influência circular. No trabalho, em situação de reunião, muitas vezes você observa o mesmo roteiro. Paulo encoraja Sebastião, que retoma as palavras de João, que concorda com Tiago, que se une a Paulo, que parabeniza Sebastião de passagem. Essa é a confraria dos homens, que passam a bola uns aos outros e consolidam suas alianças, chamando e recomendando uns aos outros. Você disse a mesma coisa e até de maneira mais eficaz, antes que Sebastião levasse a melhor, sendo encorajado por todo o grupo e escolhido por Paulo. Uma metáfora animalesca passa por sua cabeça. Você não faz parte da matilha, da gangue ou, em uma versão mais civilizada, do clube fechado e muito seleto dos que se reconhecem entre si. Você não faz parte da maioria (para influenciar um grupo, é preciso transpor o limiar sociológico de 20%, o índice mais baixo) e sofre os efeitos aleatórios e incontroláveis da lente de aumento.

Apropriar-se de suas ações pelo poder das palavras

Diante de reiteradas interrupções, pense em impostar a voz e retomar a palavra: "É exatamente o que acabei de dizer e agradeço por tê-lo reformulado... No entanto, eu acrescentaria uma coisa..." Você recupera sua posição, colocando cada um em seu devido lugar e amplificando suas palavras. Não se deixa intimidar por quem a interrompe; não lhe dá importância. A técnica de minimização seria pertinente nesse caso. Ir além, minorar, ser clara e direta, com frases curtas. Identificar antecipadamente seus aliados para que eles possam repercutir e apoiar suas palavras. Se estiver sozinha, passe para o metanível e explicite sua situação: "Parece que sou a única a achar esse ponto importante... Ele me parece essencial para... E conversei com..."Assuma e envolva outras pessoas influentes que não estão presentes.

Uma constatação volta à tona. Quando uma mulher comete um erro, a culpa é de todas as mulheres. Já quando uma mulher é brilhante... é João ou Sebastião que fala. Como por magia, desencadeia-se a influência circular entre os pares do mesmo sexo, do mesmo clube. Será que há mulheres que agem como se fossem João? Sim, claro, por força da competição e da integração da cultura dominante. Crie circularidades com nomes de sua escolha. No local, retome a palavra e abra espaço. Seja dona de suas palavras. Não deixe que elas sejam propriedade dos outros.

Ser dona das próprias palavras é ser dona de si mesma. Ser dona de si é exercer influência a partir do coração que vibra por sua liberdade de ser e pelo reconhecimento de seu valor inalterável.

Se você não se escolher em primeiro lugar, dando-se importância, os outros não o farão. Reconduza suas palavras a você mesma. Repita quem você é, divulgue e amplifique sua voz. Faça com que seu nome seja pronunciado e citado. Aplique a técnica da repetição que amplifica os discursos. Repita suas palavras, interrompa quem a interromper. Inverta a situação. Ninguém espera por isso. Para você, a subversão é ser uma mulher que se expressa, que decide dar uma marca à própria voz. Uma mulher que se valoriza e não deixa que a despojem de sua palavra nem de suas realizações, quando ainda se pensava que seria possível manipulá-la.

Falar sobre si mesma: a escolha de uma estrutura narrativa

A maneira como falamos de nós mesmas modela e influencia o modo como os outros nos veem. Apresentar-se e falar das próprias ações correspondem à escolha de uma estrutura narrativa. Pense na maneira como você se expressa no cotidiano, como fala concretamente de suas realizações, dos projetos em curso ou de seus interlocutores; nas modalidades de expressão de seu valor que você maneja. Você utiliza o "eu", o "nós" ou o "a gente" anônimo, que despersonaliza e dá aos outros a possibilidade de possuir suas palavras em seu lugar? Talvez você ache que vai incomodar os outros; que seu discurso é banal e sem interesse para quem não está envolvido no assunto; que é inadequada e deslocada ao falar de si mesma.

A maneira como nos expressamos afeta o "eu" profissional em termos de impressão pessoal e impacto sobre os outros. As palavras empregadas têm sua importância. Preste atenção nos adjetivos, nos advérbios e evite as perífrases, que são demasiado complexas, bem como as formas passivas. Se for para utilizar a ênfase e a hipérbole, que seja em benefício próprio. Minimize os aspectos negativos. Eles são inúteis para os outros e para você. Na expressão oral, quanto mais longas e afetadas forem as frases, mais a informação se dilui e se perde. Menos impacto você terá, enquanto que os outros se apoderarão mais de você. Promover as próprias ações é exercer uma influência positiva e expressar sua justa e legítima contribuição. Muitas vezes, a imagem percebida é deformada em relação ao sentimento de sua autenticidade. O choque imaginado com seus valores é apenas imaginário. Você não se transformará na sua pior versão nem será presa no Inferno por falar de si mesma, tampouco será expulsa do Jardim do Éden nem de outros eldorados.

Saber evidenciar e tornar visíveis as próprias ações, dando-lhes uma forma e um enquadramento adequados, são parte integrante do processo de valorização. Apoiar-se em seus talentos. Ocupar seu lugar ao longo do tempo. Preparar o conteúdo e a forma. Canalizar suas emoções. Estar alinhada com suas ideias e ser congruente. Medir seu impacto e se ajustar. Prestar atenção em toda forma de *feedback*. Compor-se consigo mesma. Nutrir sua autoestima. Ter em mente a vantagem de ser você. Apreciar-se.

Tornar-se você mesma é ser sua própria caneta

Para que isso aconteça, é importante adquirir o hábito de sair da rotina, partilhar o valor de suas ações, utilizar seus talentos e afinar diariamente sua comunicação com os elementos escolhidos. Tornar-se aos poucos sua própria caneta, criar seu traçado, seu *copyright*, sua memória. Escolher um rumor conveniente e uma lenda. Pergunte-se: "Quem sou eu? Quem quero ser? O que faço e como quero falar a respeito? Para quem? Por quais motivos e de que maneira? Qual é minha posição? Que 'meio' ocupo e em quais territórios?".

Pense que, com suas palavras, seguindo a máxima baudelairiana, você amassa o barro e o transforma em ouro. Tenha em mente as palavras de Antoine de Saint-Exupéry: "Tomo posse do mundo pelas palavras" e aplique seus três "rumores". Seu rumor inútil: você informa a respeito das pequenas coisas do seu cotidiano. Com ele, você aprendeu a se comunicar sobre o nada. Seu rumor comum: você informa sobre as tarefas e ações "normais". Seu rumor extraordinário: você valoriza o que faz, seus êxitos, e põe suas equipes em destaque. Para sentir-se à vontade, fale o máximo possível do que gosta. Ancore-se em sua zona de conforto para superá-la com mais facilidade e identificar seus locais seguros. De posse de suas palavras, você constrói o roteiro de sua identidade profissional: aquele que se assemelha a você, a motiva e pode inspirar os outros.

Em outros lugares ou círculos, não deixe o poder àqueles que se outorgam a prioridade de nomear. Quem nomeia possui. Ao designar, estabelece uma hierarquia na escala dos seres e das coisas. Não se posicione atrás, na retaguarda. Deixar os outros na frente denota domesticação. Não confunda cordialidade, educação e apagamento de si mesma em benefício de... seu chefe, seus parceiros, compromissos insustentáveis, uma atitude aprendida durante muito tempo para poupar os outros. Delegar seus poderes aos outros, a partir de um sentimento de impotência, incômodo ou até por educação, é uma atitude que a enfraquece. Representa um hiato entre sua palavra e você mesma, o temor de desagradar ao afirmar-se demais e jogar com sua palavra e sua postura. O apagamento momentâneo não pode ser um consentimento a seu apagamento permanente, sua evanescência.

Pedir sem recorrer a Fausto

Volte para o centro do palco. E, quando precisar, ouse pedir e expressar suas necessidades sem recorrer a Fausto.* Supere a armadilha quase metafísica de se sentir devedora. É muito simples. A partir do momento que você existe, tem legitimidade para existir. Peça um favor, sentindo-se à vontade, de forma clara, sem se sentir em débito ou devedora. Perguntar não é um compromisso *ad vitam aeternam* (para toda a eternidade). Negocie algumas ações, mas não negocie sua essência nem sua liberdade. Quando avançamos na aceitação e no amor-próprio, avançamos também em nossa própria liberdade, mantendo o poder do nosso posicionamento pessoal.

---

* Personagem de uma lenda alemã que faz um pacto com o diabo. Inspirou diversos textos literários, sendo o mais famoso o poema de Johann Wolfgang von Goethe (1749-1832). (N. da T.)

A coerência vem desse enraizamento incondicional em nós mesmas, quando estamos unidas à nossa essência, sem divisões nem fragmentações. Se você abre exceções em determinado momento, será um ato puramente estratégico, e esse movimento interno será realizado de maneira consciente. Equivalerá a uma proteção para você, um distanciamento salvador. Fora dessa situação, antecipe os desafios e as potenciais contrapartidas. Nem mais nem menos. O que é inegociável permanece inegociável.

Negocie em seu benefício, de acordo com suas necessidades, mesmo quando não tiver vontade de fazê-lo, nas circunstâncias mais difíceis e que possuam uma pesada carga emocional. Aprenda a explodir as gaiolas de crinolina, escolhendo uma roupa com a qual se sinta à vontade, mesmo que seja um vestido. Torne-se uma estrela da negociação apesar dos pesares e em prol de si mesma. Isso se torna possível porque você decidiu escolher-se e dar-se a prioridade existencial. Ser ser seu próprio porto seguro – e tudo o que faz tem um sentido – forja seus valores e suas convicções.

Da caça à magia

Se o mundo é uma cena shakespeariana impregnada de darwinismo, o fenômeno natural de competição, intrínseco a todo ambiente, ou seja, a busca contínua da melhor posição para si mesmo, aquela que é viável e corresponde a nós em função dos lugares por onde navegamos, induz várias metáforas pertencentes ao campo lexical da caça. Passando pela caça dos nobres à esportiva ou ilegal, ou ainda por uma abordagem mais bruta e pré-histórica, às vezes será necessário recorrer a seu bestiário mágico.

Caçar com discernimento

A partir desse enfoque, pergunte-se o que lhe convém mais e de que forma realizará suas manobras. Saiba caçar com discernimento... Diga a si mesma: é preciso escolher sempre entre o dragão e o esquilo? De tanto caçar o dragão, acabamos nos tornando como ele. "Quem muito combate o dragão torna-se dragão."* "Se você passar muito tempo observando o abismo, ele também o observará."** Esses dois aforismos de Nietzsche ilustram nosso discurso. Se você se confunde com tudo o que ocorre nas organizações, por meio das regras formais e informais, das estratégias estabelecidas para atingir um objetivo, acabará se tornando ora uma caçadora de dragões, ora um dragão. Assumirá o risco de se dissolver em meio ao combate, na dinâmica sugadora dos "jogos".

Podemos nos perder nos esforços de adaptação aos diferentes ambientes nos quais "navegamos" e que criam linhas de tensão, antagonismos, exasperações e contradições. Legitimamente, você tem o direito – e é essencial que possa concedê-lo a si mesma – de realizar sua agenda pessoal, concretizar suas ambições e realizar suas aspirações. Não é essa a questão. Dar-se essa permissão é essencial para se permitir entrar no "jogo" e jogar com os fenômenos de posição, caça e competição – muitas vezes, um tema tabu.

Adaptar-se é algo imperativo. Pelo fato de geralmente ocuparem posições secundárias, as mulheres conhecem bem essa situação. Seu potencial de adaptação vem, ao mesmo tempo, de figuras de estilo, impostas nos parques temáticos masculinos, e da extraordinária resiliência que souberam desenvolver a partir dessa posição truncada.

---

* Friedrich Nietzsche, *Assim falou Zaratustra*.
** *Ibid.*

Integre as formas de competição que se fazem e desfazem como uma massa crítica, uma parte do ecossistema, um princípio, certamente pouco agradável, mas irredutível, que é o das relações humanas. Em casa, você tem o direito de se tornar prioridade, vir antes da geladeira, dos filhos, das compras e da cama. Lembre-se: você não é um *open bar*.

Quando caçamos o dragão muito de perto, também nos tornamos dragão. Se você se aproximar demais do epicentro dos jogos ou se deixar imergir nele, sem margem real de manobra, facilmente se esquecerá da razão que a leva a fazer o que faz. Abrirá um abismo em si mesma, que a vigia e lança um reflexo deformado de você, de seus objetivos e de sua busca. De tanto caçar o dragão, também nos tornamos caçadoras. A caça transforma e metamorfoseia. Às vezes, sem percebermos. Você pode decidir ser uma caçadora ou deixar que os outros a vejam como tal.

O que dizer do lado ágil do esquilo, que explora livremente sua floresta? Dinâmico, rápido, vivo e sempre à espreita, o esquilo se adapta a seu ambiente com flexibilidade e energia. Pese bem as relações de força. Defina o objetivo e os motivos de sua corrida. Feito isso, você vai correr, mas de que maneira? Redistribua as cartas do jogo. Inverta a situação se necessário. Um dragão também pode representar uma força luminosa. Ele personifica a potência, a força, o poder. Você pode se inspirar nele para se realizar, e não para ser caçadora.

Já é hora de compor seu bestiário mágico, um recurso a mais para sua prática da subversão.

Fabricar seu bestiário mágico

Fazer o exercício de cercar-se de animais mitológicos a ajudará a ver como jogar os jogos nos diferentes territórios. Identifique os aliados imaginários que vierem à sua mente, saídos de suas diferentes culturas e histórias. Selecione e esclareça as situações em que algo a leva longe demais em relação à sua intenção inicial. É essencial fazer uma lista de seus próprios arquétipos, totens e referências simbólicas para que eles não lhe sejam impostos. Se você deixar, os outros colocarão uma máscara em você e a definirão contra a sua vontade. Se ninguém escapa de ter que assumir uma postura, ninguém escapa do próprio reflexo.

Se você retranscrevesse seu jogo com animais fabulosos, iniciaria uma caça ao dragão ou outra coisa? Uma floresta com esquilos vermelhos...

Você pode ser o "esquilo". Se precisar da força do dragão, não se deixe transformar em um animal obscuro por anamorfose. Para entrar no círculo dos dragões, o esquilo pode se disfarçar de dragão e permanecer esquilo em seu íntimo. O esquilo pode dar provas de astúcia, de *métis* (habilidades), e guardar em si a força de um dragão luminoso. Depois de traçado o caminho para alcançar o que você deseja, desenhe o itinerário. Escolha a dinâmica de que precisa. Você decide... Não é obrigada a ser caçadora porque se tornou estrategista, ou um dragão preto porque deu provas de força. Um dragão-esquilo-luminoso poderia integrar-se ao seu fabuloso bestiário – internamente, e servir-lhe de fonte e leme.

A propósito, não se esqueça da cabra embaixo da mesa. Ela é o que existe sob as linhas de flutuação de sua percepção imediata e nas quais você não repara. É também o imaginário, os limites, os obstáculos, as advertências quando a realidade a alcança, pois você se esqueceu de olhar a cabra embaixo da mesa, embora sinta ou pressinta sua presença.

Também é possível incluir os amigos imaginários que criamos. Há sempre cabras perambulando em algum lugar. Coisas e seres que a invadem ou dos quais você se esquece; outros que a desviam da rota e literalmente fazem com que você saia do caminho, atacando-a quando você menos esperava. Talvez você estivesse sendo espiada sem saber e só captou o que era irrelevante. Reprograme seus parâmetros de percepção e inclua neles tudo o que lhe escapou. No trabalho ou em casa, você saberá identificá-los.

Se necessário, use os adornos ingênuos do Ursinho Pooh e apresente-se com seus traços. A estratégia por trás da bondade. Identificá-la nos outros e aplicá-la em benefício próprio. Às vezes, Maquiavel se encontra com o Ursinho Pooh. É uma imagem-fonte, pois a gentileza e a empatia não impedem a estratégia. Essas duas posturas não se excluem. Não é necessário ser Darth Vader para ser estrategista. Mude o pote de mel de lugar. Aprenda a fazer com que o acessório pareça essencial. Inverta o campo de forças. Seja esperta.

Saia de sua roda. Não faça como o hamster, que gira repetidamente, mas deixe-o falar. Solte o que está preso em você e reduzido à mecânica absurda de uma roda que não para de girar. Devolva a si mesma uma palavra, um movimento, e ofereça amplitude à sua imaginação. Instale-se na plenitude da amplitude. Sonhe grande para não perder seus sonhos de vista. Faça de cada coisa o que for melhor para você. A imaginação age como um ímã e um diamante. Atraia os sonhos e ocupe um lugar no mundo.

Conclusão: libertar-se na Terra e nas estrelas

Sendo subversiva, você pode ter a impressão de não respeitar as regras, de ceder a uma forma interna de má conduta em relação a critérios externos, normas, princípios, à educação que você recebeu e às injunções da sociedade, despejadas em fluxo contínuo; de experimentar um sentimento na linha de frente da delinquência interna e da desobediência. É porque você está a caminho, mudando seus critérios de referência e análise. Ceder a esse tipo de conduta significa devolver a si mesma a possibilidade de ser livre. Você dá corpo ao que pressente e pode compartilhar. Dá nome às situações e desmantela mecanismos que correspondem a um processo. Lembre-se de que a domesticação oriunda do sequestro civilizacional é apenas um processo.

É uma libertação a ser praticada em uma primeira conversa consigo mesma, para em seguida mudar externamente.

Escolher determinadas caminhos para sua vida e se posicionar. Desenhar uma direção que se assemelhe à assinatura de sua existência. Faça da harmonia consigo mesma sua maior obra de arte. Reconcilie-se com sua identidade profunda, evidenciando quem você é antes de se apresentar ao mundo e de gerar fontes infinitas de disrupções positivas e recursos disponíveis dos quais extrair sua subversão, compartilhá-la e transmiti-la como o talismã encontrado de uma liberdade nova.

Volte a sentir o dia brilhar dentro de você. Deixe que o dia crie o hábito de entrar em você. Valorizar-se, gostar de ser você mesma, amar-se e apreciar-se lhe tornarão uma pessoa livre e liberta. O que os homens fizeram ao longo dos séculos foi um golpe, um blefe, uma jogada de pôquer. Por causa da a repetição, verdadeiro fenômeno de erosão, aprisionamento e violência, as mulheres se deixaram levar e acreditaram na necessidade da história que erigiu os grandes momentos dessa História.

Habitue-se a sentir seu poder vital, a força de sua humanidade em suas dimensões, suas múltiplas polaridades e variações. Não deixe aos outros o poder de acender ou apagar sua luz. Conhecer sua essência é devolver a si mesma seu poder. É não esperar que os outros façam o seu dia brilhar. A consciência de sua interioridade a protege das flutuações nos relacionamentos, dos imprevistos de cada ambiente, das relações de força desfavoráveis e estende o campo das possibilidades até as estrelas. O céu e suas leis invisíveis nada têm a lhe dizer sobre o que você deve fazer ou quem você deve ser. O céu é, sobretudo, uma inspiração.

Libertar-se é compreender os extremos, os efeitos de pêndulo, as diferentes ordens de grandeza presentes em nossa sociedade e que influenciam nossos comportamentos. Identifique os desvios, as conivências, os recuos, os avanços a passos de gigante, as estagnações, as projeções e os impulsos. Preserve sua lucidez, sua capacidade de lançar luz sobre você e o mundo.

Não se deixe impressionar pelos mitos, pelas histórias que lhe contam, pelas boas intenções, por aqueles que sabem, mas não têm mais legitimidade do que você para proclamar uma ordem do mundo, a não ser em vantagem própria. Lembre-se de que os espaços extrabiológicos de toda sociedade-cultura denotam escolhas e predicados que, em seguida, tornam-se axiomas adquiridos, e não inatos. Não se deixe embarcar em uma aventura à sua revelia. Tenha um novo olhar sobre seu ser e sua liberdade. Embarque os outros em sua visão, em sua escolha de uma sociedade humanista e inclusiva, na qual o sequestro civilizacional será apenas o momento terrível de uma tentativa de civilização desigual.

Cultive a arte de ser subversiva. Por você e pelos outros, para que todos possam perceber que algo diferente é possível. O determinismo é apenas uma renúncia ao exercício pessoal de sua potência criadora, a uma submissão da qual você se libertou. Entreabra a porta e deixe o vento da subversão soprar, roçar os rostos e se misturar aos espíritos.

Tornamo-nos subversivas para mudar as regras do jogo.

Tornamo-nos subversivas porque assim queremos ser e pela necessidade de criar outro mundo.

Tornamo-nos subversivas quando compreendemos que a subversão é o ato definitivo que poderá libertar as mulheres da necessidade de se libertar.

Tornamo-nos subversivas para sermos Nós.

Post scriptum filosófico sobre o mundo de hoje

Neste ensaio, baseei-me em pesquisas filosóficas, etológicas, sociológicas, antropológicas, em livros e ensaios que nutriram meu pensamento ao longo dos anos e no que pude observar ao meu redor em diferentes países e continentes.

Essa interrogação, que relaciono à assimetria dos gêneros masculino e feminino, nutriu meus próprios trabalhos de pesquisa em filosofia, sobre a dificuldade e a necessidade de definir a identidade humana por meio da noção de gênero. Uma noção complexa, que provém da coexistência de nossa condição de seres biológicos animados pelo pensamento, entre humanização e hominização.

Eu gostaria de concluir este livro, que também traz uma abertura, expressando vários pontos. Em primeiro lugar, parece-me necessário parar de querer sistematicamente poupar os homens no que diz respeito à dominação civilizacional das mulheres, dedicando-lhes sempre muita atenção e desculpando-nos por pensarmos em nossa condição, porque eles não deveriam sentir-se excluídos. Em outros termos, eles não deveriam sentir-se pensados e analizados, através do olhar filosófico das mulheres sobre o que os homens lhes fizeram historicamente. Essa ainda é a atitude do dominado que toma precauções no que se refere ao dominador.

Essa relação de força não tem mais razão de ser. Não é interessante. É essencial que os homens reconheçam, conscientemente e nos caminhos do pensamento e da História, o que fizeram às mulheres para agora poderem passar a outra coisa e parar de uma vez por todas com um processo que não interessa a ninguém, nem aos homens fechados em esquemas redutores e na armadilha de uma virilidade que se cria em traços negativos das mulheres, nem às mulheres que não aceitam mais essa condição. Nosso mundo precisa de ambos, homens e mulheres, mulheres e homens, que constituem a humanidade em sua essência universal.

Em segundo lugar, as mulheres não deveriam mais se desculpar por serem feministas. Na realidade, uma mulher que se desculpa por ser feminista o faz por ainda ter de provar sua humanidade e restabelecê-la aos olhos dos outros e da sociedade de maneira mais ampla. O feminismo é um humanismo, pois recoloca as mulheres no conceito inclusivo e universal da humanidade.

A partir do momento em que os homens reconhecem o sequestro civilizacional, a civilização unigênero construída por eles, forjada ao longo dos séculos em várias regiões do globo e que, para as mulheres, foi domesticação disfarçada, aprendida e inculcada pela força ou pela graça; a partir do momento em que as mulheres deixam de se desculpar por serem humanas, fazendo valer seus direitos e seu valor incondicional, podemos coletivamente dizer: agora temos condições de pensar juntos. Foi assim que tudo aconteceu. Trata-se de um fato que não é retroativo. A subversão induz uma lucidez irredutível e implica um ato de verdade. Agora, mulheres e homens podem construir juntos uma pedagogia positiva sobre suas escolhas de humanidade. Já não se demoram no velho mundo. O novo paradigma civilizacional está a caminho.

Não resta dúvida de que ainda existem regiões no mundo em que a domesticação das mulheres continua sendo a única escolha civilizacional permitida. A subversão tirará as mulheres desse mundo da domesticação. E a humanidade realizará o que ainda não realizou.

BIBLIOGRAFIA

Aldous Huxley, *Le Meilleur des mondes* (*Admirável mundo novo*), 1932.

Aristóteles, *Métaphysiques* (*Metafísica*), século IV a.C. Aristóteles, *Politiques* (*Política*), século IV a.C.

Baltasar Gracián, *L'Homme de cour*, Paris, Gallimard, 2010. Blaise Pascal, *Pensées* (*Pensamentos*), 1669.

Cícero, *Les Philippiques* (*As Filípicas*), século I a.C. Cícero, *Pro Roscio Amerino*, século I a.C.

Clarissa Pinkola Estés, *Femmes qui courent avec les loups* (*Mulheres que Correm com Lobos*), Paris, Grasset, 1996.

Claude Lévi-Strauss, *Structures élémentaires de la parenté* (*Estruturas elementares do parentesco*), 1949.

Claudine Cohen, *Femmes de la Préhistoire*, Paris, Belin, 2016.

Desmond Morris, *Le Singe nu*, Paris, Le Livre de Poche, 1971.

Edmond Jabès, *Le Petit Livre de la subversion hors de soupçon*, Paris, Gallimard, 1982.

Élisabeth Badinter, *Fausse route*, Paris, Odile Jacob, 2017.

Emma Goldman, *De la liberté des femmes*, tradução de Thibaut de Saint Maurice, Paris, Payot, 2020.

Emmanuel Kant, *Traité de pédagogie (Sobre a pedagogia)*, 1803.

Étienne de la Boétie, *Discours sur la servitude volontaire (Discurso sobre a servidão voluntária)*, 1576.

Françoise Héritier, *Masculin, Féminin. La pensée de la différence*, Paris, Odile Jacob, 1996.

Friedrich Nietzsche, *Ainsi parlait Zarathoustra (Assim falou Zaratustra)*, 1885.

Friedrich Nietzsche, *La Généalogie de la morale (A genealogia da moral)*, 1887.

Georges Duby e Michelle Perrot, *Histoire des femmes en Occident. L'Antiquité*, tomo I, Paris, Perrin, 2002.

Homero, *L'Illiade* et *L'Odyssée* (*Ilíada* e *Odisseia*).

Julia Kristeva, Étrangers à nous-mêmes, Paris, Gallimard, 1991. La Rochefoucauld, *Maximes* (*Máximas*), 1662.

Lacan, Écrits, Paris, Seuil, 1966.

Luce Irigaray. *Speculum de l'autre femme*, Paris, Minuit, 1974.

Manon Garcia, *On ne naît pas soumise, on le devient*, Paris, Flammarion, 2018.

Mark Wigley, "Untitled: The Housing of Gender", *in* Martine Delvaux, *Le Boys Club*, Montreal, Éditions du Remue-Ménage, 2019.

Martin Heidegger, *Être et temps*, Paris, Gallimard, 1964.

Martine Delvaux, *Le Boys Club*, Montreal, Les Éditions du Remue-Ménage, 2019.

Mary Beard, *Les Femmes et le Pouvoir. Un manifeste*, tradução de Simon Duran, Paris, Perrin, 2018.

Michele Le Doeuff, *L'Étude et le Rouet*, Paris, Seuil, 1989.

Mona Chollet, *Sorcières. La Puissance invaincue des femmes*, Paris, Zones, 2018.

Nicole Loraux, *Les Expériences de Tirésias. Le féminin et l'homme grec*, Paris, Gallimard, 1990.

Peter Sloterdijk, *Règles pour le parc humain*, Paris, Mille et une nuits, 2000.

Platão, *La République* (*A República*), Livro VII, século IV a.C.
Platão, *Teeteto*, século IV a.C.

Robert Cialdini, *Influence et manipulation. L'art de la persuasion*, Paris, First, 2004.

Roger Mucchielli, *La Subversion*, Paris, C.L.C., 1976.

Simone de Beauvoir, *Le Deuxième Sexe*, Paris, Gallimard, 1949.

Spinoza, *Tratado político*, 1677.

Stéphane Mallarmé, "Les Fleurs" ("As flores"), *in Verso e prosa*, 1893.

Stephen Jay Gould, *La Foire aux dinosaures. Réflexions sur l'histoire naturelle*, Paris, Seuil, 1993.

Susan Faludi, *Backlash. La Guerre froide contre les femmes*, Paris, Éditions des Femmes, 1993.

Theodor W. Adorno, *Minima moralia*, Paris, Payot, 1980.

Virginia Woolf, *Une Chambre à soi*, tradução de Clara Malraux, Paris, Gonthier, 1965.

Impresso por :

Graphium
gráfica e editora

Tel.:11 2769-9056